人事担当者、
社労士に贈る

知っておきたい
合同労組・ユニオン対応の基礎と実践

改訂第2版

弁護士 赤司修一　社会保険労務士 中村恭章　社会保険労務士 堀内 和
弁護士 荒瀬尊宏　社会保険労務士 猶木貴彦　元合同労組書記長 本多伸行

労働新聞社

改訂第2版　はじめに

初版を刊行してから7年以上が経過しました。この間、2018年6月に働き方関連法が成立し、2019年4月から施行されました。その内容は、時間外労働に罰則付きで上限を設定したり、正社員と非正社員との間の待遇格差の是正を求めるなど、働き方や働く者の意識そのものを大きく変えるものでした。

また、2020年4月には、新型コロナウイルスの感染拡大防止に伴う緊急事態宣言が発令され、在宅勤務、テレワークの普及など、私達の働き方を加速度的に変化させました。

第2版では、このような法改正や新たに生じた問題のいくつかについてフォローするとともに、初版同様、あえて多少の正確さや厳密さを捨象して、分かりやすい説明を目指しました。それは、杓子行儀に進まない団体交渉については、法律の細かい理屈よりも、実際に生じ得る事象やリスクを具体的にイメージしていただくとともに、労働法の基本的な考え方をざっくり掴んでいただくことの方が重要と考えているからです。

内容として不十分な点が多々あるとは思いますが、本書が適正な労使関係秩序形成の一助になれば幸いです。

なお、本書は労働組合やユニオンを撃退するためのマニュアル本ではありませんし、特定の行政機関の見解を述べるものでもありませんので、ご了承下さい。

最後に、初版に引き続き第2版の出版に際しても、労働新聞社伊藤正和様に大変ご尽力いただきました。この場を借りて御礼申し上げます。

2021年4月

弁護士　荒瀬　尊宏

はじめに

労働組合の組織率が低下しているといわれて久しいですが、労働組合から団体交渉の申入れを受け、その対応に苦慮しているという声は後を絶ちません。むしろ、昨今の景況を反映してか、とりわけ合同労組と呼ばれる労働組合とのトラブルは増加傾向にあります。

労働組合とトラブルに発展するケースは、団体交渉の議題に関わる中身の問題ではなく、その前段階の“対応の仕方を誤った”というところに端を発していることが圧倒的に多いです。

確かに、突然、見ず知らずの労働組合から団体交渉を申し込まれ、強い口調で非難されると、これに応じたくない気持ちも分かります。しかし、労働組合法という法律は、使用者に対して、正当な理由なく団体交渉を拒否することを不当労働行為として禁止しています。法律でこのように定められている以上、感情的な議論をしても仕方がありません。うまく労働組合と団体交渉をしていく必要があるのです。

それでは、どのように労働組合と団体交渉を行えばよいのでしょうか。労働法に関する書籍は多々ありますが、本書のように団体交渉に特化した書籍は多くはありません。

そこで、本書は、労働組合とは馴染みの薄い企業の担当者、社会保険労務士の方が「団体交渉はどのようなものか。使用者にはどのようなリスクがあるのか。そのリスクにどのように対応すればよいのか」ということを具体的にイメージしていただけるように、企業の担当者と実際に団体交渉に携わった社会保険労務士も執筆者に入ることで、さらに分かりやすく説明できるように心がけました。そのため、用語、概念の定義付けについては、あえて多少の正確さ、厳密さを捨象し、平易な言葉に置き換えたところもあります。
　また、本書の特徴として、労働組合の元役員の方も執筆者に迎えることで、労働組合側からの視点も知ることできます。これは他の書籍とは違った特徴として挙げることができます。

　本書は、前述したように、企業の担当者、これをサポートする社会保険労務士の方を読者として想定しているため、そのほとんどが使用者側の立場からの見解を述べたものです。しかし、本書が単なる労働組合対策のための“マニュアル本”になることは筆者らの希望するところではありません。これは前述の労働組合の元役員の方を執筆者に入れることからもご理解いただけると思います。
　内容として不十分な点など多々あるかとは思いますが、本書が適正な労使関係秩序形成のための一助になれば幸いです。

　なお、本書はあくまでも著者の私見を述べるものであり、労働委員会等の見解を述べるものではありませんので、あらかじめご了承下さい。

　2013年7月

弁護士　赤司　修一
弁護士　荒瀬　尊宏

第1章

団体交渉前に知っておくべき労働組合の基礎知識

視　点

1．労働組合とは、労働者によって労働条件の維持改善・経済的地位の向上等を図ることを目的として組織された団体です。

2．労働者には、憲法上、労働基本権（「団結権」、「団体交渉権」、「団体行動権」）が保障され、労働基本権の保障を実質的なものとするため、労働組合法（以下「労組法」といいます）は、労働組合に積極的な保護を与えています。

3．労務管理を行う場合、労働者に認められた権利、労働組合の法的な位置づけを十分理解した上で、適切な対応を取る必要があります。

I　労働組合とは

労働組合というフレーズ自体は、よく耳にするかと思いますが、正確な定義は、労組法２条本文に「労働者が主体となって自主的に労働条件の維持改善その他経済的地位の向上を図ることを主たる目的として組織する団体又はその連合団体をいう」と規定されています。さらに労働委員会による救済命令を得るためには、労組法２条ただし書に該当しないこと、同法５条２項が定める規約を具備しておく必要がありますが、多分に手続要件的なものですので、団体交渉（以下「団交」ともいいます）の申入れがあった時点では、あまりこれらの要件に拘泥すべきではありません。

労組法は、労使対等の理念に基づく団体交渉の助成や団体行動等を擁護することを目的としており、労働者によって組織された労働組合に対して積極的な保護を与えています。

なお、現在の労組法は、労働組合の結成について、その形態、単位、人数などについて、特別な規制は行っていません。また、官庁による許可や届出なども求めていません（自由設立主義）。

労働三権
（「団結権」、「団体交渉権」、「団体行動権」）

前述した労働組合の法的な根拠は憲法が保障する労働基本権にまでさかのぼります。

労働基本権とは、憲法上、労働者に認められた権利で、「団結権」、「団体交渉権」、「団体行動権」の３つがあります（それゆえ、「労働三権」ともいわれます）。団結権とは、労働条件の維持・改善のために使用者と対等の交渉をするため労働者が団体を結成したり、それに参加したりする権利です。団体交渉権とは、労働者の団体がその代表を通じて、労働条件について使用者と交渉する権利です。団体行動権とは、ストライキなどの争議行為や労働組合あるいはその構成員としての活動を行う権利です。

この労働基本権は、使用者と対等の立場に立てない労働者に、団結して使用者と交渉し、時には集団として行動をする権利を保障することによって労働条件等について、実質的に使用者と対等の立場に立たせるという考え方に基づき、労働者に与えられた権利です。

この労働基本権が労働者に権利として保障されたことの重要な効果として、まず①刑事免責と②民事免責があります。①刑事免責とは、労働者によって行われる正当な争議行為、組合活動等に対しては、国家は刑事罰を科すことができないというものです。②民事免責は、正当な争議行為、組合活動を理由として使用者は損害賠償などの民事上の責任を追及することができないというものです。

また、③労働委員会による行政的救済を受けることができるという権利も含まれており、これを実質的に保障するため、労組法は、使用者に対して、労働基本権を侵害する行為を「不当労働行為」として禁止し、これに対する救済制度を設けています。

Ⅲ 日本にはどのような労働組合があるのか

労働組合と一口にいっても、その構成の態様から、概念上、次のように分類できます。すなわち、①職業別労働組合（同一職業の労働者が自分たちの技能に関わる利益を擁護すべく広い地域で組織する労働組合です）、②産業別組合（同一産業に従事する労働者が直接加入する大規模な横断的労働組合です）、③一般労働組合（職種、産業のいかんを問わず、広い地域にわたって労働者を組織する労働組合です）、④企業別組合（特定の企業または事業所に働く労働者を職種の別なく組織した労働組合です）、⑤地域一般労組（合同労組ともよばれ、これについては後述します）があります。

我が国の民間部門の労働組合の９割以上がいわゆる企業別組合ですが、近年は､地域一般労組とのトラブルが急増しております。そこで以下では、地域一般労組について簡単に触れたいと思います。この地域一般労組は、我が国特有の労働組合です。

我が国では、中小企業に働く労働者を一定地域において企業や産業に関係なく合同して組織化する活動が昭和30年代初め頃から行われ、「合同労組」と称される組合として存在していました。さらに、最近では、管理職やパートタイム労働者など、企業別組合に組織されにくい労働者を一定地域で企業を越えて組織する形態も現れ、これらの地域一般労組は、個々の労働者の解雇その他の雇用関係上の問題を個々の企業との交渉によって解決する活動を行っています。このように地域一般労組の一番の特徴は、企業外で組織されているという点、個別的労使紛争を主に取扱う点にあり、突然地域一般労組（合同労組）から「団体交渉」の申入れを受けた企業にとっては、その労働組合がどのようなものかも分からず、どのように対応してよいのか頭を悩ませる事態となってしまい、トラブルに発展するケースが多発しているのです。

私たちとしては、法律上積極的擁護のもとに労働組合が存在していることを十分に認識した上で、労働組合との間における対応を検討する必要があります。

Ⅳ 不当労働行為とは

先ほど、労働者に保障された労働基本権により、刑事免責、民事免責が認められるほか、労働委員会による行政的救済を受けることができると説明しました。

これは、現行の労組法が、労働者ないし労働組合に対して、刑事的な責任または民事的責任を免れさせるという消極的な保護を与えるに止まらず、労働者の労働基本権を侵害する使用者の行為を不当労働行為として禁止し、その違反があった場合に、労働委員会という行政機関に救済を求めることにより、積極的に、その是正を図るという制度（これを「不当労働行為救済申立制度」といいます）を設け、労働基本権の保障を実効性あるものとしていることを意味します。

労働委員会の手続の概要については後述しますが、不当労働行為とは、労働者の労働基本権を侵害する行為の総称で、大きく３つの類型があり、労組法７条各号に列挙されています。

１つ目は、労働組合の組合員であることを理由に、その労働者に不利益な取扱いをしてはいけないというものです（労組法７条１号)。

労働組合の組合員であることを理由に、職場で差別的な取扱いを受けるような事態を放任するのでは、誰も労働組合に加入することをちゅうちょするでしょうし、経済的に劣位にある労働者が集団を形成し、使用者と対等の立場に立たせるという労働基本権の保障は貫徹されません。そこで、労組法は、使用者に、労働組合の組合員であることなどを理由に、不利益な取扱いを行うことを禁止したのです。

２つ目は、正当な理由のない団体交渉の拒否です。労働基本権の保障は、経済的に劣位にある労働者が団体を構成し、集団的に使用者と対等に交渉するところに意味があります。それゆえ、そもそも使用者が団体交渉という交渉のテーブルに着かなければ、労働基本権を保障した意味がありません。そこで、労組法７条２号は、使用者が正当な理由なく団体交渉を拒否することを不当労働行為として禁止しているのです。なお、団体交渉を拒否するだけでなく、団体交渉に応じるが誠実なものとはいえない場合（これを「不誠実団交」といいます）も団体交渉の拒否と同視されます。

３つ目は、支配介入と呼ばれるものです（労組法７条３号）。この支配介入を定義づけることは非常に難しいですが、一言でいえば、労働組合の活動等に使用者が干渉することなどにより、労働組合を弱体化させることをいいます。たとえば、労働組合の役員の選任に使用者が口を出したり、従業員に対して労働組合から脱退するよう説得したりする行為がこれにあたります。

この支配介入は、不利益取扱いや団体交渉の拒否では捕捉できない労働基本権を侵害する行為を広くカバーする補充的な意味合いもありますので、その外延は極めて曖昧です。

そのほかにも黄犬契約、経費援助、労働委員会に申立てなどをしたことを理由とする不利益取扱いという不当労働行為もありますが、いずれも上記３類型の応用バージョンです。

不当労働行為の類型については、**【別紙１】**をご参照ください。

【別紙1】

不当労働行為の類型

類型別	労働者（労働組合）が…	使用者が…	号別
不利益取扱い	1　労働組合の組合員であること 2　労働組合に加入したりこれを結成しようとしたりすること 3　労働組合の正当な行為をしたこと	を理由に 1　解雇すること 2　その他不利益な取扱いをすること	1号
黄犬契約	1　労働組合に加入しないこと 2　労働組合から脱退すること	を雇用条件とすること	
団体交渉の拒否	団体交渉を申し入れたこと	に対して正当な理由なく拒否すること	2号
支配介入	1　労働組合を結成すること 2　労働組合を運営すること	に対して支配介入すること	3号
経費援助	労働組合の運営に要する費用	を援助すること	
労働委員会に申立てなどをしたことを理由とする不利益取扱い	1　労働委員会に不当労働行為救済の申立てをしたこと 2　不当労働行為の命令について再審査申立てをしたこと 3　1、2および争議の調整の際に証拠を提出したり発言したりしたこと	を理由に 1　解雇すること 2　その他不利益な取扱いをすること	4号

（注）号別は、労組法7条各号を示す。

「労働委員会のてびき」東京都労働委員会事務局より

V 本書の目的

前述したように、労働組合には、労働基本権の１つとして団体交渉権という権利が憲法上保障されている上、労組法上、正当な理由のない団体交渉の拒否は不当労働行為として禁止され、これに対しては労働委員会に対する救済手続が設けられております。

それゆえ、団体交渉の申入れがあった時点で、使用者は、不当労働行為責任という法的リスクを抱えることになります。また、団体交渉の過程で行った使用者の行為が新たな不当労働行為を構成する可能性もあり、労働組合と対峙するすべての過程において不当労働行為リスクを負っているといっても過言ではありません。

そのため、労働組合に対してどのような対応を行うかということは非常に重要なことです。うまく対応していれば大きな紛争に発展しなかったのに、間違った対応をしたために、紛争が拡大してしまったということは往々にしてあります。逆に、真摯に団体交渉に向き合うことで、裁判沙汰にならず、また比較的リーズナブルな解決に至るということもあります（実際、訴訟等に至った場合の弁護士費用は低額なものではないはずですし、弁護士費用を払うくらいなら、早期に労働組合と和解した方が安くつくという話はよく聞きます)。

本書では、労働組合から団体交渉の申入れを受けた場合、使用者、あるいはこれを支援する社労士がどのような対応をすればよいか、あるいは、どのような対応をしたら不当労働行為となるリスクがあるかを時系列に沿って分かりやすく解説したいと考えております。

第 2 章

ある日突然、団体交渉申入書が届いた

視　点

1．団体交渉の申入れを無視すると、民事上の責任だけでなく、行政上の責任、最終的には刑事上の責任を負う可能性があり、使用者が負担する法的リスクが高まることを認識する必要があります。

2．団体交渉申入書は、情報の宝庫です。その情報をもとに専門家の手助けを受けながら対応策を検討することが効率的です。

3．団体交渉を拒否するという対応は、紛争の早期解決の糸口を放棄することにもなりますので、基本的に団体交渉には応じるべきです。その場合、専門家に相談することが紛争を無用に混乱させないためにも、会社の負担からしてもベターと考えます。

4．団体交渉の対応の仕方は、団体交渉の議題にもよりますが、たとえば解雇の問題である場合は、労働者保護の観点から法的には使用者側が不利になるケースが多いので、専門家に相談するなどして早期解決を図ることが得策です。

I 団体交渉の申入れとその理由

ある日、突然、労働組合から団体交渉申入書が届いた場合、どのように対応すべきか、使用者が一番困惑する場面です。労働組合から団体交渉の申入れがなされる理由は、様々です。在職中の従業員（極端な話、目の前の席に座っている従業員かもしれません）からの未払残業代の支払いを求めるもの、上司からパワハラを受けたので、その改善を求めるものや、少し前に辞めた従業員（会社としては、その従業員には退職してもらったと認識していることが一般的です）が、強引な退職勧奨を受けたとか、事実上の解雇であったので、解雇が無効であることを理由とするものなど様々です。

団体交渉の申入れがあった場合、経営者（＝使用者）の中には、団体交渉申入書の受け取り自体を拒否してしまう方もいます。経営者の中には、合同労組からの団体交渉には一切応じないという対応をする方もいます（これは感情的、生理的な面からくる拒否反応かと思われます）。しかし、このような対応は、後述する正当な理由のない団体交渉の拒否に当たり不当労働行為を構成しますし、少なくとも会社内部に何らかの労使間のトラブルが存在していることを暗示していますので、経営者としては、まずは真摯に労働組合の声に耳を傾ける姿勢が必要と思います。

労組からの「『突然の』団体交渉申入れ」というが、雇用主の「突然」はないのか

「1人でも入れる」合同労組である以上、相談に来た労働者の雇用主に連絡を入れればそれは「突然」とならざるを得ません（礼節は求められる）。

それでは、その労働者に突然の解雇や労働条件改悪は行われていないのか？　労働者が雇用主との話合いを尽くさず予告もなく合同労組へ駆け込むとしたら、そのベースに雇用主への怒りや不信や絶望があるのではないでしょうか。

会社に労組がなくても労働条件や安全衛生を話し合う風土があり、多くの労働法条項が求める過半数代表との協定や意見聴取を行っていれば、いきなり合同労組に駆け込むことは少ないのだと思います。

雇用主は、合同労組の団体交渉申入れを「突然」と断ずる前に労働者との関係の作り方や通告の経過を振り返るべきです。

（本多）

Ⅱ 団体交渉の申入れを無視することはできるのか

では、そもそも労働組合から団体交渉の申入れがなされた場合、使用者はその申入れを無視し、あるいは拒否することはできるのでしょうか。

結論は、労働組合からの団体交渉の申入れを正当な理由なく拒否することはできません（この「正当な理由」の意味については後述します）。

その理由は、前述のとおり（第１章）、労働組合には団体交渉権という憲法上の権利が保障されており、さらにこの団体交渉権を具体的に保障するために労組法７条２号が正当な理由のない団体交渉の拒否を不当労働行為として禁止しているからです。これは使用者に労働組合が申し入れた団体交渉に応じる義務を法的に課していることにほかなりません。

また、団体交渉の申入れがあった時点で一度も団体交渉をすることなく、これを拒否する「正当な理由」が認められることはまずありませんし、かえって紛争を拡大、長期化する原因になることを十分認識しておく必要があります。

Ⅲ　不当労働行為とその効果

先ほどから出ている「不当労働行為」ですが、これは労組法７条が使用者に対して禁止している行為の総称で、①労働組合の組合員であることなどを理由として不利益な取扱いをすること、②正当な理由のない団体交渉の拒否、③労働組合の組織・運営に対する支配介入という３つの類型があります。

そして、これらの不当労働行為がなされた場合、使用者に対しては、民事上の責任のみならず、行政上の責任も発生することに十分注意をする必要があります。すなわち、労働者は、使用者による不当労働行為に対しては、裁判所に対して損害賠償等を提起できるだけでなく、各都道府県に設置された都道府県労働委員会に不当労働行為救済申立てを行うことができ、これにより労働者、労働組合は、使用者の行政上の責任を追及することができます。

そして、都道府県労働委員会において、団体交渉の拒否が不当労働行為であると認定された場合、都道府県労働委員会は、使用者に対して、団体交渉に応じるよう、あるいは、誠実に団体交渉を行うよう救済命令を発します。そして、都道府県労働委員会の救済命令に対して使用者が違反した場合には、行政罰、あるいは刑事罰（裁判所の判決により労働委員会の救済命令が維持され判決が確定した場合）という制裁が設けられています。

Ⅳ 団体交渉に応じないことによる事実上の不利益

前述したように労働組合から団体交渉の申入れがあった場合、その申入れを無視するという対応は、法律上様々なリスクを負う可能性が高いことが分かります。ですので、労働組合から団体交渉の申入れがあった場合には、無視あるいは拒否するという対応ではなく、これにうまく対応することが極めて重要なことです。

また、正当な理由のない団体交渉の拒否については、前述した法的な問題のみならず、事実上の不利益が伴います。

すなわち、団体交渉は、一人ひとりでは使用者との関係で劣位に立つ労働者が団結することにより、自らの要求を実現する場として非常に重要な機能を有しています。そして、労働組合には、前述のとおり、団体交渉権のほか、団体行動権、すなわち、労働組合として行動する権利が憲法上保障されています。それゆえ、団体交渉権を侵害された労働組合は、団体交渉を実現すべく、時として非常に激烈な団体行動、たとえば、事業場付近におけるビラ配布、街宣活動、さらには取引先に対する苦情申入れ等を行うことがあります。このような活動それ自体は、団体行動権の保障の範囲内に止まる限り何ら法的責任を追及することはできませんが、使用者の評判が低下することは避けられません。まして、正当な労働組合活動である以上、労働組合に対して、損害賠償等の法的責任を追及できないことになると、一時的な感情等から団体交渉の申入れを無視することは結果的に極めて大きなリスクであることが分かります。

このように、労働組合から団体交渉の申入れがあった場合、その対応を

１つ間違えるだけで、法律上、事実上を問わず、大きな不利益を被ってしまう可能性が高いことを十分に認識し理解する必要があります。

労働組合から団体交渉の申入れがあった場合にどのように対応するかという初動が極めて大切なのです。

V 具体的な対応

前述したように、労働組合から団体交渉の申入れがあった場合、使用者は、正当な理由がない限り、これを拒否できませんし、誠実に応じる法的な義務があります。ですから、使用者は、団体交渉を拒否するのではなく、応じることを前提とした対策を講じる必要があります。

以下では、労働組合から団体交渉の申入れがあった場合、どのように対応すべきか、具体的に検討します。

1　団体交渉申入れがあった時点

労働組合からの団体交渉の申入れは、「団体交渉申入書」または「要求書」などというタイトルの書面が会社の代表者宛に郵送あるいはＦＡＸされることが一般的です**【別紙２】**。また、組合加入通知書**【別紙３】**および要求書**【別紙４】**として、従業員の組合加入の事実と団体交渉の申入れを分けて送ってくる場合もあります。

労働組合によっては、直接会社に持参する場合もあります。会社側としては、突然のことですので、この申入れに対し、どのような対応をしてよいのか、困惑すると思います。特に、団体交渉の申入れを初めて受ける会社の場合、担当者が団体交渉の申入れの法的重要性を理解せず、上司に報告しないで放置してしまうという事態もあり得ますので、十分に注意する必要があります。

COLUMN

「脅迫」「監禁」「暴力」という先入観

労働組合の団体交渉やその要求で「脅迫」「監禁」「暴力」が行われた事例がどれほどあるのでしょうか？　正確な立件数は示されているのでしょうか？　たとえば、世間では殺人事件が増えているようにいわれていますが、それはテレビのワイドショーで繰り返し報道するからで、国の統計では大きく減少しています。

また、労働組合の雇用主への対応に目立ってこの形態が多いとは何を根拠にしたものなのでしょうか？　ほとんどの合同労組は努めて雇用主との信頼関係の形成をはかると思います。

刑法に触れるようなことがあれば当然にその刑事的責任を求めるべきですが、まるで暴力団対策のような身構えや先入感は間違っています。まずは誠実に対等に接することに徹するべきです。

（本多）

【別紙２】

×年×月×日

団体交渉申入書

○○株式会社
代表取締役　□□□□殿

△△労働組合
執行委員長　▲▲▲▲▲
担当者　◇◇◇◇◇

連絡先　東京都・・・・・・・・
電話・・・・　　ＦＡＸ・・・・

貴社の社員Ｘ及びＹは、当組合に加入している組合員です。

組合員Ｘ及びＹに係る以下の事項について、団体交渉申入れを行います。申入れの主旨を十分ご理解のうえ、誠意ある回答を期待するものです。

記

1　未払賃金の支払いについて
会社は、組合員Ｘ、Ｙに対する時間外労働や深夜労働に対する割増賃金等を支払っていないので、速やかにこれを支払うこと。また、労働契約締結時に約束していた時給30円アップ（×年10月以降に適用）に基づく賃金を計算し、速やかにこれを支払うこと。

2　会社は、本件事案の解決に向けて今後も組合と誠意をもって話し合われたい。

3　団体交渉について
日時　×年×月×日　×時より
場所　当組合会議室

上記の団体交渉応諾も含めまして回答につきましては、×月×日までに書面にて回答されたい。

労働組合法に違反し回答や交渉を拒否した場合は直ちに争議行為を開始することがありますからご注意ください。また誠意をもって対応されない場合は法的措置を取ることもありますので申し添えるものです。

以上

【別紙３】

×年×月×日

組合加入通知書

○○株式会社
代表取締役　□□□□殿

△△労働組合
執行委員長　▲▲▲▲▲
担当者　◇◇◇◇◇

連絡先　東京都・・・・・・・・・
電話・・・・　　ＦＡＸ・・・・

時下、益々ご清栄のこととお慶び申し上げます。

貴社の元従業員Ｘ、Ｙは私ども△△労働組合に加入している組合員であることをご通知申し上げます。私どもは、労働条件の改善と事業の健全な発展のために、労使間の誠実な話合いによって諸問題の解決をはかる所存であります。

△△労働組合は、■■地域を中心に組織されている個人加盟の労働組合です。

今後組合員の労働条件等につきましては、当労働組合と交渉の上で決定されますよう、ご通知方お願い申し上げます。

なお、憲法、労働組合法で会社がつぎのような行為をすることは禁止されておりますので、法違反を侵すことのないよう、事前にお知らせいたします。

記

① 組合員に対して脱退をせまるなどの行為
② 組合、組合員に対して誹謗、中傷する行為
③ 団体交渉（労使の話合い）に応じない行為
④ 要求に対して、不誠実な回答、態度を繰り返す行為
⑤ 組合の要求を無視して、組合員個人との交渉を強いる行為
⑥ 未加入者に対して、加入しないよう働きかける行為
⑦ その他、組合員であることをもって不利益取扱いする行為

以上

【別紙４】

×年×月×日

要求書

○○株式会社
代表取締役　□□□□殿

△△労働組合
執行委員長　▲▲▲▲▲
担当者　◇◇◇◇◇

連絡先　東京都・・・・・・・・
電話・・・・　　ＦＡＸ・・・・

以下の事項につきまして、直ちに団体交渉を開催されますよう要求いたします。要求の主旨を十分ご理解のうえ、誠意ある回答を期待するものです。

記

１　未払賃金の支払いについて
会社は、組合員Ｘ、Ｙに対する時間外労働や深夜労働に対する割増賃金等を支払っていないので、速やかにこれを支払うこと。また、労働契約締結時に約束していた時給30円アップ（×年10月以降に適用）に基づく賃金を計算し、速やかにこれを支払うこと。

２　会社は、本件事案の解決に向けて今後も組合と誠意をもって話し合われたい。

３　団体交渉について
日時　×年×月×日　×時より
場所　当組合会議室

上記の団体交渉応諾も含めまして回答につきましては、×月×日までに書面にて回答されたい。

労働組合法に違反し回答や交渉を拒否した場合は直ちに争議行為を開始することがありますからご注意ください。また誠意をもって対応されない場合は法的措置を取ることもありますので申し添えるものです。

以上

このような団体交渉の申入れがあった場合、使用者の中には、「団体交渉申入書を受け取ってしまうと団体交渉に応じないといけなくなるから」あるいは「団体交渉をするつもりはないから」などという理由で、団体交渉申入書の受け取り自体を拒否したり、労働組合に送り返したりする方もいるかもしれません。

しかし、前述したように、使用者は正当な理由がない限り、労働組合が申し入れた団体交渉に誠実に応じる義務があります。それゆえ、「団体交渉の申入れはあったが、書面を受け取っていないので応じる必要はない」とか「書面を送り返したので応じる必要はない」ということは、団体交渉を拒否する理由に全くなりません。

繰り返し述べているように、使用者は、正当な理由がない限り、労働組合が申し入れた団体交渉を拒否することができません。使用者には団体交渉に誠実に応じる法的な義務があるのです。それゆえ、団体交渉申入書を受け取る、受け取らないという、些末なことで問題を拡大するよりも、ある意味割り切って団体交渉申入書を受け取るのが正しい対応といえます。

実際、後述するように、団体交渉申入書には、今後行われるであろう団体交渉に備えるための情報がちりばめられていますので、むしろ積極的に受け取ってその内容を精査し、会社だけで対応することができる事案であるのか、それとも専門家に依頼すべき事案であるのか検討し、来たるべく、団体交渉に備えるべきです。

なお、すでにお気づきの方もいらっしゃるかもしれませんが、使用者は「正当な理由なく」、労働組合の申し入れた団体交渉を拒否することはできません。これを反対解釈すれば、「正当な理由」があれば拒否できることになり、これはこれで正しい解釈です。

問題は「正当な理由」は何かということです。この点について、使用者の中には、独自の視点であれこれ団体交渉に応じない理由を並べて、団体交渉に応じない「正当な理由」があると主張する方がいらっしゃいます。しかし、実際に、労働委員会等で使用者側に団体交渉を拒否する「正当な理由」があると判断されることは希です。とりわけ、申入れの時点で一度も団体交渉を行わずに済むということはまずありません。この点については、後ほど、使用者の方がよく団体交渉を拒否する「正当な理由」になると勘違いされる例を説明します。

COLUMN

弁護士と社労士の役割の違い

仕事の担当が違うという程度のことで、決して、弁護士＞社労士ということではないと感じます。

団体交渉においても、労務管理、紛争予防・解決においても、弁護士は代理人として対応を行い、それ以外の部分は社労士が担うべきことだと思います。

「弁護士さんのアドバイス・回答は、常に裁判を念頭においていて、それはそれで大事だけれども、日常の管理業務において、今日から何をどうすればよいかをアドバイスしてもらえるのは社労士さんですね」と東証一部上場企業の管理部長にいわれたことがあります。

（中村）

2　団体交渉申入書のチェックポイント

団体交渉申入書を受け取ったら、当たり前ですがまずはこれをよく読むことが重要です。この団体交渉申入書には、色々な情報が載っています。団体交渉申入書をよく読み、検討することで、これから行われる団体交渉を予測することができます。そして、この予測が立てば、会社としてどのような資料（反論の資料）を用意すればよいのか、それに基づきどのような対応をすればよいのかが、明らかになってきます。特に、この準備の過程で、社労士や弁護士などの専門家に相談することは、準備作業さらには、団体交渉を効率的に行うために有用と思います。

以下では、団体交渉申入書に、記載されている事項のうち、特に注目すべき事項について簡単に説明します。

(1)　労働組合の名称、上部団体の有無、担当者　～労働組合の傾向を把握すること

交渉の相手方である労働組合の名称を確認すべきことは当然のことです。それに加えて、現在多くの労働組合はホームページを持っていますから、あらかじめホームページを閲覧し、どのような労働組合かを知ることができます。あらかじめ労働組合の情報を収集しておくことは、非常に重要なことです。といいますのも、労働組合といっても千差万別で、その活動方針も労働組合ごとに大きく異なります。たとえば、金銭解決を重視した形で交渉する労働組合もある一方で、使用者に反省を求める趣旨で過激な団体行動に出る労働組合もあります。当然、相手方となる労働組合が

どのようなタイプかで使用者側の対応も異なってくるのです。

ですから、団体交渉の申入れがあった場合には、インターネットで労働組合の名称を検索してみて下さい。少なくともどのような労働組合か分からない、素性が知れないなどという不安は、払拭されると思います。

なお、労働組合の中には、上部団体を持つ労働組合もあり、連名で団体交渉を申し入れる場合もあります。このような場合の労働組合の活動方針は、上部団体の影響を強く受けることが一般的ですので、上部団体がどのような団体かを確認しておく必要もあります。

また、労働組合の名称のほかに、「担当者」として、その団体交渉を担当する者の氏名が記載されており、今後、連絡等を行う場合の窓口となります。

COLUMN

労働組合にもいろんな団体がある

労働組合にもいろんな団体があります。

手弁当で労働者のために活動している労働組合が存在することも認識していますが、そうではない、金銭獲得が目的？と思われる労働組合も少なからずあるのだなあと感じます。

政党系、独立系、学生運動出身、いろんな団体がありますが、威圧的な風貌だと何の団体かと戸惑います。

今まで団体交渉でかかわった労働組合の方々は、50 歳以上と思われる方々がほとんどでした。（中村）

(2) 団体交渉の議題　～労働組合が一体何を求めているのかを知ることは、団体交渉の落としどころを知る手がかりとなる

団体交渉申入書には、たとえば、「○○氏の解雇撤回について」、「○○氏の未払賃金の支払いについて」などと交渉の議題が記載されています。

当然、これらの議題について、労働組合と交渉を行っていくのですから、どのような議題かを確認する必要があります。

また、労働組合によっては、「要求事項」という形で、要求内容を具体的に記載していることもあり、団体交渉に先立ち、どのような事項を準備すればよいかを示唆してくれます。

ごくたまに、労働組合が何を求めているのか団体交渉申入書から判明しない場合がありますが、その場合は、遠慮なく労働組合の担当者に団体交渉をスムーズに進めるために一体何を団体交渉の議題にするのかという確認を取ることも必要です。それをしないと、第１回目の団体交渉が空転することになり、時間の無駄となります。そして、この会社側からの労働組合に対する問い合わせは、原則として書面で行うことがポイントです。口頭でのやりとりですと、お互いの認識が違っている可能性もあります。団体交渉申入れ後、労働組合の方から書面が出されることはあまりありませんが、誠実に団体交渉を行う義務を負っている使用者としては、後々の証拠作りのためにも書面でやり取りしておくことが重要です。

(3) 日時、場所

団体交渉申入書には、団体交渉を行う日時、場所を指定したものがあります。しかし、これは労働組合が使用者の都合を聞くことなく一方的に指定したものですので、労働組合が指定した日時、場所で行わなければならないものではありません。団体交渉の日時、場所は、労働組合、使用者の双方が協議・合意の上で決めるべきものです。

ですので、労働組合により当初指定された日時が会社側にとって都合が悪い場合は、遠慮なく日時の変更の申入れをして構いません。特に、団体交渉は、労働組合側はあらかじめ準備をした上で会社に団体交渉の申入れをするのに対し、会社側にとっては、突然の事態ですので、日時の変更を申し入れることについて遠慮する必要はありません。むしろこのような場合、無理に労働組合側から提示された日時に団体交渉を行うと、準備不足などから団体交渉自体のイニシアチブを労働組合側に取られる可能性が高いです。

たとえば、「従業員の○○は、上司である○○にこのようなことをされたといっているが、どうなんだ」と労働組合から聞かれ、それについて、明確な回答（実際には時間がなかったので、確認できなかったとしても）ができないと、労働組合は、「そんなこともすぐに分からないのか。この会社は、社員の管理ができているのか！ そんなことも分からない会社だから、このような問題が起きるんだ」など、声高に非難されることは目に見えています。

このような発言は、正直、専門家からすると、法的には意味のない発言なのですが、経験のない会社側の担当者としてはその場の雰囲気に呑まれる可能性がありますし、いわれた方としても気持ちのいいものではありません。

そのため、このような事態が発生しないように、労働組合側から団体交渉申入書に記載された事項については、十分に調査し回答ができるよう、その準備のための期間も考えて、団体交渉の開催日時を決定する必要があるのです。

(4) 不当労働行為に対する警告

団体交渉申入書の末尾には、「労働組合への加入は、憲法、労働組合法により保障されている労働者の権利です。労働組合へ加入したことや労働組合の活動をしたことを理由とする差別や嫌がらせは、不当労働行為として労働組合法7条により禁じられています。そのような行為を行わないよう厳に申し入れます」と記載されていることがあります。

労組法7条は、使用者に対し、①組合員であることなどを理由に不利益に取り扱うこと（1号）、②労働組合を弱体化するような行為をすること（3号）を禁止していますので、団体交渉の全段を通じて不当労働行為を行わないよう注意する必要があります。

なお、前述した記載に引き続き「…の行為は不当労働行為として禁止されており刑事罰の対象となります」という記載を目にすることもありますが、これは若干誇張があり正確ではありません。使用者の行為が不当労働行為に該当するという労働委員会の判断が、裁判所でも維持され、その判決が確定したにも関わらず、使用者が労働委員会の命令に従わない場合に初めて刑事罰の対象となるというのが正確です。

ですので、前記のような記載があっても、必要以上に萎縮する必要はありません。ただし、当然のことですが、不当労働行為と目される行為をすべきではありません。

3　回答書の作成・送付

団体交渉申入書を検討したら、これに回答する必要があります。最初の回答は、第1回団体交渉をいつ、どこで行うかという日程調整的なことになることが多いですが、それでも全く問題はありません。また、前述のとおり、団体交渉申入書に記載されている議題等が不明瞭である場合に、その点を明らかにするように説明を求めても構いません。

なお、回答は口頭で行っても構いませんが、前述のとおり、後々の紛争を予防する観点およびお互いの認識の齟齬を防ぐ観点からも、書面で行うべきと思います**【別紙5】**。

また、団体交渉申入書の中に「令和○年○月○日までにご回答頂きますようお願い申し上げます」という記載があることもありますが、これも労働組合が一方的に指定した期限に過ぎません。よって、回答をする期限を延期してほしい旨の回答も立派な回答です**【別紙6】**。

以下では、回答書を作成するにあたり、注意すべき事項について説明します。

【別紙5】

回答書

令和×年×月×日

△△労働組合
執行委員長　▲▲▲▲▲　殿

○○株式会社
代表取締役　□□□□

冠省　令和×年×月×日付けの貴組合の当社宛て「団体交渉申入書」の件は、当社業務繁多のため、回答猶予を申し入れます。
　近日中に当社又は当社代理人よりご連絡をさしあげます。

草々

【別紙６】（1）

回答書

令和×年×月×日

△△労働組合
執行委員長　▲▲▲▲▲　殿

○○株式会社
代表取締役　□□□□

冠省　貴組合の令和×年×月×日付要求書及び同月×日付団体交渉申入書について、下記のとおり、回答いたします。

草々

記

第１　団体交渉の日時に関するご提案

弊社は、令和×年×月×日付回答書にて、貴組合の申入れに係る団体交渉の開催日時の延期をお願いいたしましたが、下記の日時で団体交渉を行いたいと考えておりますので、ご検討のうえ、担当者宛にご連絡ください。

記

令和×年×月×日　　午後×時
令和×年×月×日　　午前×時
令和×年×月×日　　午後×時

第２　団体交渉の手続的な条件

弊社は、貴組合の申入れに係る団体交渉に誠実に応じる所存ですが、団体交渉の手続的な事項については、次の条件で応じたいと考えております。

なお、これらの条件は団体交渉を円滑に行うためのものであり、貴組合の団体交渉権等の憲法上の権利を不当に侵害する趣旨のものではないことを申し述べておきます。

【別紙６】（2）

1　時間

上記の日時のうち、概ね２時間程度。

ただし、絶対的なものではなく、交渉状況に応じて延長することは否定しません。

2　場所

東京都・・・・・・・

○○会館○階

3　出席者

双方、３名以内。

団体交渉は、あくまで代表者を通じた話合いであり、いわゆる「大衆交渉」などは、これに当たらないものと理解しております。

また、具体的な出席者が決まった場合には、あらかじめご連絡いたします。

4　議題

貴組合の要求書記載の事項。

5　録音・録画の可否

録音については、各自の責任において行うこととします。

録画については、会場の都合上、ご遠慮ください。

6　議事録の作成

各自が、その判断と責任において作成し、連名での議事録は作成しないこととします。

以上

(1) 日時・所要時間

団体交渉申入書で団体交渉の日時が指定されていたとしても、これに拘束される必要がないことは前述したとおりです。会社の方で、準備に要する時間や業務の繁閑の程度などを勘案して団体交渉の日時を提案すればよいです。

もっとも、相手方があることなので、会社の都合のよい日時が労働組合にとっても都合がよいとは限りません。そこで、日時を提案する場合には、複数の候補を設けて提案するのがよいと思います。

なお、会社からの日時指定が団体交渉の申入れから数カ月先というのは、事実上、団体交渉の拒否とみなされる可能性が高いので、常識的な範囲で日時を設定すべきです。私見ですが、1カ月以上先の日時を指定するのは、団体交渉の拒否といわれても仕方がないように思います。

また、1回あたりの団体交渉の時間を、たとえば、「午後○時から概ね2時間程度」などと提案しておくことをおすすめします。2時間程度あれば、ある程度のやりとりは可能ですし、それ以上行っても精神的・体力的に疲弊するだけです。

なお、労働組合の中には、「時間を区切るなんてけしからん」というところもあるかもしれませんが、我慢比べではないのですから長ければいいというものでもありません。また、団体交渉自体、1回応じれば済むという問題でもなく、複数回行われることが前提とされていますので、時間を区切ることは全く問題ありません。もっとも、このようないわれのない非難を避けるためにも、「午後○時から概ね2時間程度。ただし、交渉の状況によっては、多少の延長はあり得る」などとただし書を設けておいた方がよいでしょう。

(2) 場　所

団体交渉の場所についても、労働組合と使用者が協議・合意の上で決定すべき事柄であり、労働組合が特定の場所を指定していたとしても、これに拘束される必要はありません。あくまでも、労働組合と使用者で協議の上決定すればよいことです。

もっとも、団体交渉の場所をどこにするかは、意外と重要なことです。

「会社で行うと団体交渉が荒れた場合、隣の会議室にいる取引先の方に迷惑がかかるかもしれない」、「他の従業員の手前避けたい」、「場所がない」、「労働組合の人たちが中々引き取ってくれなかったらどうしよう」など色々懸念することもあります。

また、労働組合の事務所で行う場合、労働組合から「うちの事務所ですから何時まで団体交渉を行っても結構です」といわれると中々団体交渉を切り上げづらい面もあります。

そういう意味では、貸し会議室などを時間を区切って借りるというのも１つの方法かと思います。つまり、時間が限られているため、団体交渉を切り上げやすいという面があります。

しかし、費用もかかることですので、それぞれの状況に応じて行えばよいかと思います。

なお、ほとんどの労働法規は、事業場単位でものを考えるという特徴があります。

よって、団体交渉の場所は問題となっている労働者の所属する、あるいは所属した事業場を基準に決定すればよいと思います。

たとえば、広島県にある事業場に所属する組合員に関する事項を本社のある東京で団体交渉を行うというのは、不当労働行為と判断される可能性がありますので、注意する必要があります。

逆に、東京で勤務していたが、退職後実家のある広島に帰り、広島の労働組合に加入し、その労働組合から団体交渉の申入れがあったというのであれば、東京を団体交渉の場所として提案しても、さほど不自然なことではないように思います。

(3) 出席者

団体交渉に誰を出席させるかは、労働組合、使用者がそれぞれの判断で決定すべき事項です。

ですので、たとえば、労働組合から「社長を出せ」、「○○部長を出せ」といわれても、これに拘束されるわけではありません。団体交渉は、労働者と会社（＝使用者）との間で発生した紛争を解決するために行われるものですので、事情を何も分からない社長が出てもあまり意味がないことはよくあります。逆に、ワンマンな中小零細企業では社長でないと話が進まないケースもあります。全く事情を把握していないものを出席させたり、「私の方でお答えできる立場にありません」など一定の決裁権限のない者を出席させることは、団体交渉自体時間の無駄になりますし、不当労働行為と判断されることになります。

なお、前述したように、誰を出席させるかは、労働組合、使用者のそれぞれの判断で決定すべき事柄ですが、「貴組合側の出席者は３名以内でお願い致します」などと人数制限を求めること自体は何の問題もありません。なぜなら、団体交渉は、労働者の「代表」を通じた交渉の場であり、つるし上げの場ではないからです。集団心理から人数が多くなればなるほど、ヤジ、怒号が飛び交う可能性も高くなり、正常な交渉はできなくなります。また、団体交

COLUMN

専門家の起用について

労働組合は、労働者を代表する集団であり、労働法規に関しては専門家といえます。普段あまり労働法規を意識していない使用者だけでは太刀打ちできないこともあります。また、使用者が興奮のあまり発した発言内容が不当労働行為を構成する可能性もあるのです。そういう意味では専門家に相談・依頼するという選択肢を検討すべきです。

労働法規に関する専門家として考えられるのは、弁護士と社労士です。ちなみに、社労士が使用者を「代理」して団体交渉に出席できるかというところは、弁護士法との関係で多少グレーなところがあります。ですから社労士に依頼する場合には、社労士だけが使用者を「代理」する形で団体交渉に出席するのではなく、使用者側の担当者に随行する形で、いわばアドバイザー的な者として出席した方がよいです。

団体交渉の出席者は、各当事者が自身の判断で決定すればよいのであり、社労士の出席を労働組合から非難される理由はありません。

団体交渉に限らず一般的にいえることですが、交渉事では相手方の発言の揚げ足をとったり、言質をとられまいと全く中身のある話ができないことが往々にしてあります。また、団体交渉の際のちょっとした発言について、後々、不当労働行為であると非難されるリスクもあります。そういう意味では法律の専門家である弁護士あるいは社労士の助言・助力を得ることは非常に有益なことです。

もっとも、不当労働行為との関係では、弁護士や社労士を担当者として団体交渉に出席させた以上、弁護士や社労士の言動は使用者の言動と同視されますので、労働分野の取扱い経験があるかなどリサーチした上で依頼すべきでしょう。　（荒瀬）

渉を行う会場の都合もあります。

当日出席してみたら思いのほか大人数で押し寄せてきたので、人数を制限するよう申し入れると、「今さらいうな」ということにもなりかねませんので、回答書を送付する時点で人数制限についての提案を行っておくべきでしょう。

(4) 議　題

当然、団体交渉の議題も団体交渉申入書に記載されています。しかし、この議題は基本的に労働組合において設けるものであり、会社側で設けるものではありません。前述のとおり、当初の団体交渉申入書に記載された議題が不明確である場合は、団体交渉前にしっかりと会社から労働組合に対して、議題の趣旨を明確にするよう求める必要があります。そうでないと、議題とは関係ない事項まで回答を求める場合もありますし、議題が不明確であると、議題とは関係ないので回答できないなどと明確に拒否できません。不明確な議題であることを利用して、「この事項も当初の議題に含まれている」などと後になっていわれ当初は議題とされていなかったものについてまで回答を求められ、回答に苦慮していることをもって「準備不足である。不誠実な対応である」などと非難されるという悪循環に陥らないためにも、団体交渉の議題を確認し、交渉の範囲を画する意味で、回答書の中に、何を議題とする団体交渉なのかを明確に打ち出すべきです。

(5) 録音・録画の可否

団体交渉でのやりとりについて、「いった、いわない」という水掛け論に発展することはよくある話です。そこで、このような不毛な争いを避けるためにも、団体交渉のやりとりを録音することが有効と思います。

もっとも、録音する場合は、一方が録音したものをコピーして相手方に渡すというのはあまりおすすめしません。「録音が一部削除されている」などと余計な紛争に発展することがあるからです。それゆえ、録音を行うか否かも含めて、各当事者の判断と責任において行えばよい話です。また、労働組合に了承を得る必要もありません。

なお、ビデオ等での録画は、団体交渉を過度に萎縮させてしまいますので、行わない方がよいと思います。現在は、ネット上に動画をアップすることは極めて簡単です。音声がネット上にアップされるのと動画をネット上にアップされるのでは心理的負担も全く異なります。

団体交渉を記録に残す趣旨は、会社側および労働組合側の発言の正確性を確保するためというものですので、その点を担保する方法としては録音で十分かと思います。

また、後々、「秘密録音だ、違法だ」といわれないためにも、あらかじめ回答書に「録音は各自の判断と責任で行う。録画については、開催場所の性質上、お控え下さい」などと記載しておくのもよいです。

(6) 議事録等の作成

団体交渉が行われた場合には、議事録を作成することをおすすめします。具体的にどのような議論がなされたかを記録しておくことは、次の団体交渉で何を行うべきかという準備事項を確認するために有効ですし、後々の法的紛争に発展した場合の証拠としての意味もあるからです。

もっとも、この議事録も、各当事者が自らの判断と責任において作成すればよいものです。ですから、労働組合から、「議事録を作成したので議事録に記名押印するように」と求められたとしても、これに応じる必要はありません。会社および労働組合の両者で共通の議事録を作成しようとすると、言い回しやニュアンスの違いなどで、合意するまでに時間をロスすることもしばしばあります。また、労働組合と使用者が書面で合意した場合、労働協約として、就業規則以上の法的効果を生じさせる場合もあるので安易な書面の作成は行うべきではありません。

議事録自体は、各当事者の判断と責任において作成すれば足りるのです。

COLUMN

明らかな法令違反は会社も反省すべき

法令順守の要請が厳しく、法律・制度もいろいろと変わり、働く人々の価値観も多様化している現代においても、労働関係法令を守っていない会社が見受けられます。

労働関係法令を順守して、かつ、まじめに働いている人が損をせず、できるだけ多くの従業員が前向きに取り組んでもらえるように知恵を出していくのが会社経営者や総務・人事担当者の役割だと思うのですが、一部の会社経営者の中には、明らかな法令違反でも平気で何の対策も立てない人もいます。

労働組合との団体交渉には応じないといけないことを知らず、外部のユニオンとは話し合う必要はないと、突っぱねようとする経営者もいます。

このような状態では、遅かれ早かれ労務トラブルが発生することが予想されます。

１～２回労務トラブルがあり、元従業員に和解金を支払ったり、ゴタゴタ労力を要することを経験し、もうコリゴリだと感じると、専門家に依頼することになることも多いと思います。

法律知識を身につけて、弁護士や社労士から生きた情報を収集することは、会社を守るためにも必要だと思います。　（中村）

4　団体交渉を拒否することができる「正当な理由」とは何か（入口の段階）

(1) 概　説

これまで労働組合から団体交渉の申入れがあった場合には、使用者は「正当な理由」がない限りこれを拒否してはならないと説明してきましたが、これを反対解釈すれば「正当な理由」があれば団体交渉を拒否することができることになります。しかし、先ほども少し説明したとおり、団体交渉を拒否する「正当な理由」が認められることはほとんどありません。とりわけ、まだ1回も団体交渉を行っていない状況で、これを拒否することは、かなりの確率で「正当な理由」のない団体交渉の拒否、すなわち、不当労働行為と認定されます。

よって、あれこれ理由をつけて団体交渉を拒否することは全く得策ではありません（前述のとおり、特にはじめての団体交渉については「正当な理由」を見いだすことは困難です）。以下では、使用者の多くが、「正当な理由」に当たると勘違いして主張しているものについていくつか説明します。

(2) 書面や電話でやりとりすればよいので団体交渉は行わないという理由による拒否

使用者の団体交渉応諾義務は、労働組合と実際に会見することを含みます。よって、書面、電話でのやりとりを行ったとしても、労働組合がこれに同意している場合を除き、団体交渉を行ったことにはなりません。したがって、「書面や電話でのやりとりだけで行うことができるのであるから、団体交渉の場を設けての直接交渉を拒否する」というようなことは、団体交渉を拒否する「正当な理由」にはなりません。

(3) 元従業員を代表する労働組合は、「使用者が雇用する労働者の代表」（労組法７条２号）ではないという理由による拒否

労組法７条２号は、「使用者が雇用する労働者の代表」と団体交渉を行うことを正当な理由なく拒否してはならないと定めています。そこで、元従業員に関する事項について労働組合が団体交渉を申し入れた場合、使用者は、「元従業員は過去雇用していた労働者であって、現に『使用者が雇用する労働者』には当たらない。よって、元従業員を代表する労働組合とは団体交渉を行う必要はない」という理由で、団体交渉を拒否することがあります。また、実務上、労働委員会の不当労働行為救済申立手続においても、平然とこのような主張を行う弁護士もいます。

しかし、このような主張は明らかに誤りで、団体交渉を拒否する「正当な理由」にはなりません。すなわち、労組法における「労働者」とは、「賃金、給料その他これに準ずる収入によって生活する者」とされており、現に「賃金、給料その他これに準ずる収入」を得ていなくても、それを得て生活する職業にある者も含むと解されています。すなわち、今現在無職の者であっても、労組法上の「労働者」に含まれる可能性があるのです。また裁判例においても、元従業員が解雇の無効を争っている場合、または過去の法

律関係についての解決を求めているような場合には、現在雇用されていないとしても、労組法７条２号の「使用者が雇用する労働者」に該当すると判断したものがあります。それゆえ、元従業員が加入する労働組合は、「使用者が雇用する労働者を代表する」労働組合ではないという理由は、団体交渉を拒否する「正当な理由」になりません。

この点は、誤解が多いので十分に注意する必要があります。

(4) 独立の事業主であって「使用者が雇用する労働者」ではないという理由による拒否

使用者が自己の業務を他人に行わせる際に、あえて雇用契約という形態をとらずに、業務委託契約または業務請負契約等という形式で契約を締結することがよくあります。いわゆる業務の外注化といわれている契約形態で、近年増加しています。

このような契約形態の下において、業務を請け負っている者が加入している労働組合が、委託者に対し、団体交渉を申し入れた場合、使用者とされる委託者が「あくまで業務委託契約であって労働契約ではない。よって、受託者は自己が雇用する労働者には該当せず、そのような者を代表する労働組合の団体交渉には応じない」として団体交渉を拒否することがあります。

しかし、労組法における「労働者」か否かは、契約の名称で形式的に判断されるのではなく、団体交渉を助成するために労組法の保護を及ぼすべきものか否かという観点から極めて実質的に判断されます。

つまり、仮に、契約書の題名に「業務委託契約書」と記載されていたとしても、実質的な契約内容（契約書の中身や実際上の使用者と契約締結者の関係等）から雇用契約か否か、その者の労働者性が判断されるのです。

この点について、近年重要な判例（新国立劇場事件・ＩＮＡＸメンテナンス事件・最三小判平成23年4月12日）が出されましたが、そこでは、①当該業務を請け負っている者が発注者の業務遂行に不可欠な労働力として組織の中に組み込まれているか、②契約内容や業務執行方法を一方的・定型的に決定されていないか、③報酬の計算・決定の仕方等において労務対価性が認められるか、④仕事の依頼に対する諾否の自由があるか、⑤業務遂行に対する指揮監督、時間的場所的な拘束があるか否かなどが総合的に考慮されています。

よって、形式上「雇用契約ではないから労働者に当たらない」という主張は明らかな誤りであり、上記①～⑤の要素を十分に検討する必要があります。

(5) 合同労組は団体交渉権を有しないという理由による拒否

合同労組とは、企業の内部ではなく、企業外部の主に中小企業の労働者を組織対象とし、一定の地域を団結の場として組織された労働組合をいいます。企業別組合とは異なり、様々な職種、会社の労働者により組織されている点が特徴です。

しかし、このような特徴ゆえに、使用者の中には、合同労組は企業外の組織であり、「使用者が雇用する労働者の代表者」に当たらない、あるいはそもそも労働組合に当たらないなどという理由で、合同労組との団体交渉を拒否する例があります。

また、一部の弁護士の中にも、合同労組との団体交渉を一切行わないという立場の方もいます。

しかし、労組法における「労働組合」とは、第1章で解説したように、原則として「労働者が主体となって自主的に労働条件の維持改善その他経済的地位の向上を図ることを主たる目的として組織する団体又はその連合団体をいう」（労組法2条本文）をいいます。

それゆえ、企業外で組織されているとしても、「労働者が主体となって自主的に労働条件の維持改善その他経済的地位の向上を図ることを主たる目的」としていれば、労組法上の「労働組合」に該当します。よって、合同労組であることは、団体交渉を拒否する「正当な理由」にはなりません。

ですので、この点を誤解して、「合同労組」との団体交渉には一切応じないという対応は、法的にみて無意味なことですし、紛争の拡大、長期化を招くだけのことです。

(6) 唯一交渉団体条項の存在を理由とする拒否

唯一交渉団体条項とは、「弊社は、○○組合を団体交渉の唯一の相手方とする」という趣旨の条項をいいます。このような条項を盾に「会社が承認した労働組合としか交渉しない」として、それ以外の労働組合（企業内外を問わない）との交渉を拒否する例があります。

しかし、このような条項は、我が国では、他の組合の団体交渉権を侵害するものとして無効であり、唯一交渉団体条項の存在を理由に他の労働組合の団体交渉の申入れを拒否できません。

(7) 上部団体の役員が出席することを理由とする拒否

上部団体の役員が出席することを理由に団体交渉を拒否することができるでしょうか。

前述したとおり誰を団体交渉に出席させるかという問題は本来、各当事者が自らの判断と責任で決定すべき事柄です。よって、上部団体の役員が出席することを理由に団体交渉を拒否することはできません。

ところで、マスコミ関係者、あるいは全く関係のない者を同席させることはできるでしょうか。団体交渉が労使の交渉の場であることに照らせば、当該労使紛争について、責任ある言動、判断を行えない者の同席は拒否しても差し支えないと考えます。

(8) 団体交渉事項が裁判所に係属している事件であることを理由とする拒否

使用者と当該組合員との間の法律関係について、裁判所で訴訟、労働審判手続が係属している場合、使用者が、「裁判所で話し合うべきであり、団体交渉で話し合う余地はない」として、団体交渉を拒否する例があります。

しかし、裁判所に事件が係属しているとしても、使用者と労働者との間で自主的に紛争を解決する余地はありますし、労働者もそのことに期待して団体交渉を行っており、裁判所に事件が係属していることは使用者において団体交渉を拒否する「正当な理由」

にはなりません。

労働審判法が施行され、多くの事件は３カ月以内に終了します。議題となっている解雇無効については、労働審判手続において和解で終了したが、団体交渉拒否について、労働委員会に不当労働行為救済手続が係属しているというのでは目も当てられません。むしろ、使用者は、問題解決の場が裁判所と団体交渉と２つあると前向きに考えるべきです。意外と団体交渉の方が安上がりであったり、ファジーな解決もあり得るのです。

(9) 労働組合が組合規約や組合員名簿を出さないことを理由とする拒否

労働組合が、合同労組などの企業外の組合である場合に、使用者にとってみれば見ず知らずの第三者から団体交渉の申入れを受けることになりますので、使用者が労働組合に対して、組合規約や組合員名簿を提出するよう求め、提出がない場合には、団体交渉を拒否するということが間々あります。

しかし、労働組合は、団体交渉に先立って、組合規約や組合員名簿を提出する義務を負っていません。また、使用者としては、自分が雇用している労働者が、当該労働組合に加入していることが分かれば団体交渉を行うに当たり何の支障もないはずです。よって、労働組合が前述した使用者の要求に応じないとしても、これは団体交渉を拒否する「正当な理由」にはなりません。

また、企業別組合の場合には、組合員であることを理由とする差別をおそれて、労働組合において、執行三役のみ明らかにし、他の組合員については明らかにしないことがあります。しかし、このような場合でも、組合員全員が明らかにならない限り団体交渉に応じないということはできません。

この点については、団体交渉が進む中で、労働組合の側において組合員を特定する必要が生じてきますし、そこまで神経質になる問題ではありません。

(10) 管理職の加入を理由とする拒否

使用者において管理職と認識している者が労働組合に加入している場合、使用者は、次のような理由で団体交渉を拒否することがあります。

すなわち、「①労組法２条ただし書きは、「役員、雇入解雇昇進又は異動に関して直接の権限を持つ監督的地位にある労働者、使用者の労働関係について計画と方針とに関する機密の事項に接し、そのためにその職務上の義務と責任とが当該労働組合の組合員としての誠意と責任とに直接にてい触する監督的地位にある労働者その他使用者の利益を代表する者の参加を許すもの」（以下「利益代表者」といいます）が、労働組合に参加している場合、労働組合には該当しないと規定している。②今回団体交渉を申し入れた労働組合の中には、弊社の管理職（たとえば部長級）に該当する労働者が加入している。③この部長級の労働者は、労組法２条の利益代表者に該当する。④労組法２条ただし書は、利益代表者が加入している団体は、労組法でいう労働組合に該当しないとしている。⑤よって、団体交渉に応じる必要はない」という論法です。

しかし、労組法２条の規定は、使用者側の立場にある者が労働組合に加入することにより、労働組合の自主性あるいは独立性が害されることを防止する点に、その主眼があります。それゆえ、労働組合の方で、組合員と認めて差し支えないと考えているにも関わらず、使用者の方で、「その者（部長級の労働者）の加入により、労働組合の自主性・独立性が害されている」ということはできません。組合員としての加入を許すかどうかは、正に労働組合が自主的に決する内部自治に属する事柄です。また、労働委員会の審理等においても、その者（部長級の労働者）の加入により、労働組合の自主性・独立性が害されているかが実質的に判断されます。そして、労働組合の方で、自主性・独立性が害されていないと主張する以上、これを外部の使用者が覆すことはまずできません。

結局、部長級の職にあるからなどという形式的な理由で、「利益代表者」の参加を許しており、労組法の労働組合に該当しないというのは、団体交渉を拒否する正当な理由にならないことの方が多いのです。

(11) ウェブ会議による団体交渉が許されるか

新型コロナウイルスの感染拡大防止対策として、「密」を避けることが求められ、ウェブを用いた会議（いわゆるウェブ会議。オンライン会議とも）が多くなっています。実際、東京地裁や大阪地裁の裁判期日もウェブ会議の形で実施されるケースもあります。

団体交渉も、一般的には５、６名程度の当事者が密閉空間で２時間程度、まさに「口角泡を飛ばす」状況にあるのですから、「密」の極みといえます。

そこで「団体交渉をウェブ会議の方法で行うことが許されるか」という新しい問題が生じます。

まず理屈の問題としては、使用者が負う団体交渉義務や誠実交渉義務は、文書のやりとりや電話による会話だけではなく、労働組合の代表者と直接会見し誠実に協議する義務（会見・協議義務）を含むと解されており（清和電器産業事件・最三小判平成5年4月6日労働判例632号20頁、原審：東京高判平成2年12月26日）、そうすると、団体交渉のすべてをウェブ会議だけで行うことに固執する態度は前述した会見・協議義務に違反すると判断される可能性があると思います。

また、すべてがそうだというわけではありませんが、ウェブ会議による団体交渉を望む使用者側の本音としては、心底、感染防止を第一に考えているというよりかは、労働組合の関係者と直接対峙することによる労力や心理的プレッシャーから解放されたいという気持ちが強いように思います。その一方で労働組合側としては、ウェブ会議だけになると、いい加減な対応に終始されるのではないかという点を懸念しているものと思います。

新しい問題であり、今後の命令・裁判例の蓄積を待つ必要がありますが、団体交渉義務や誠実交渉義務が会見・協議義務を含むものであると解されている以上、座席の距離を十分にとったり、つい立を立てたり、定期的に換気のための休憩時間を設けるなどといった対策を検討することなく、すべての団体交渉をウェブ会議の形で行うことは不当労働行為と認定される可能性が高いと考えます。

もっとも、労働組合としても、話し合いの場を確保することを第一に考えるのであれば、ウェブ会議の形による団体交渉を頑なに拒絶する理由もないように思います。

(12) まとめ

以上説明したように、団体交渉を拒否する「正当な理由」が認められることは事実上ほとんどありません。よって、使用者は、労働組合から団体交渉の申入れがあった場合には、拒否する理由を考えることよりも、団体交渉を実施して、その中で会社の見解を伝えるという方針をとるべきです。

5　団体交渉に応じないという選択肢の是非

弁護士の中には、とりわけ合同労組からの団体交渉の申入れについては、断固としてこれに応じないように指導をしている方がいます。

この背景には、労働組合からの団体交渉申入れを無視しても使用者にとって大きな実害が発生しないことを前提としているように思います。

すなわち、団体交渉を拒否した場合、団体交渉を拒否された労働組合はどのような対応を取るかというと、多くの労働組合は、都道府県労働委員会に対して不当労働行為の救済を申し立てます。しかし、後に詳しく述べますが、都道府県労働委員会に救済申立てを行ったとしても、調査、審問を経て、命令が下されるまでは、1年ないし2年、長いときには、それ以上かかります。

そして、使用者が、都道府県労働委員会の判断に不服がある場合には、中央労働委員会へ、中央労働委員会の判断に不服がある場合には地方裁判所へ、その後、高等裁判所、最高裁判所とその判断を争うことができます（実質5審制）。つまり、使用者において労働組合からの不当労働行為の救済の申立てに対して、その結論を引き延ばそうと思えば、いくらでも引き延ばしが可能なのです。それゆえ、言葉をおそれずにいえば、使用者は労働組合（＝事実上、解雇等をされた労働者）に対していわゆる兵糧攻めをすることができる、あるいは労働者が労働組合を見限って脱退してくれるなどと考えていると思われます。実際にそのような例も多少なりとも存在することも事実です。

しかし、すでに述べましたとおり、正当な理由のない団体交渉の拒否は、民事上、不法行為を構成し、その場合には損害賠償の対象にもなります。

そして、何より、労組法という法律自体が、労働組合からの団体交渉の申入れについては、正当な理由がない限り拒否できないと定めているのですから、法律に違反していることは明らかです。団体交渉の申入れを断固拒否することは、事実上、労働組合の要求をかわすことができるかもしれませんが、それは一時的な満足しか得ることできません。

特に、現在、企業において求められているコンプライアンスの見地からも、違法行為をあえて行う対応方法は、極めて問題視されることになると思われますし、問題視されるべきです。

団体交渉は、裁判所における法律で定められた手続を経て白黒つける形式とは異なり、実は、使用者・労働者の意見を反映させたアバウトな形で合意に至ることもありますので、場合によっては、裁判所に駆け込まれるよりも有利な条件で和解することが可能な場合もあります（裁判になると弁護士費用が発生するなど、経済的合理性も無視できません）。そして、余談になりますが、裁判になれば裁判所まで出向かなければならないところ（場合によっては、遠方まで出頭しなければならないこともあります）、労働組合は、わざわざ会社まで出向いてくれるのです。会社内で団体交渉を行うことがよいか悪いかは検討を要する事項ですが、気持ちの持ちようによっては、そこまで精神的に負担となるような話ではないのです。「裁判ではなく団体交渉で話をつける」というくらいの気持ちでもよいように思います。

COLUMN

労働組合役員から見た団体交渉

私は過去に２つの貴重な体験をしました。１つは、東京城南地域で「１人でも入れる」ユニオンの書記長をしたことです。もう１つは、逆にあるＮＰＯの側に立って別な「１人でも入れる」ユニオンからの法外な要求に対応したことです。

私が、法的手続を欠いた解雇や外国人への賃金未払等で企業に団体交渉を要求した時に相手に求めたものは「対等」「誠実」「話合いを尽くす」です。

私が、ユニオン対策の側に立ってＮＰＯ理事会や顧問社労士に提案した基本的なスタンスは「対等」「誠実」「毅然」です。私は、「正当な拒否理由がない限り団体交渉に応じるべき」、「過大な要求でも話合うことは必要」、「合意に基づく署名＆捺印がない限り労働協約とはならない」、「理事会が理不尽な要求を拒むのはＮＰＯ法人に対する義務」、「争議化は回避すべきであり、団体交渉は決裂させない」、「ビラまきや社前集会などには動じない」と主張し採用されました。

私は、この“両側”の経験によって、未経験な会社側に以下の誤解が生まれやすく、それが争議化やその長期化に繋がることに気付きました。

① ユニオンには強気に出なければ法外な要求を求められる
② 団体交渉とは、ユニオンから“言われっ放し”になる場であり、応じないか、応じるべきとしても形だけで限定的が賢明
③ ビラまきや社前集会が行われたら警察に出動を要請するのが一番

まず、「１人でも入れる」ということで加入した労働者とそのユニオン役員は出会って間もなく、お互いに充分な信頼関係を築け

ていません。ユニオン役員は性善説に立って労働者の言い分を“取りあえず”信用しています。また、労働者も労働組合というものがほとんど分かっておらず“藁にも縋る”状態にあります。

私は、会社側は団体交渉の場を労働者本人や組合に正しい理解を求める場として利用すべきだと思います。私の経験では、ユニオンに対して自分に都合のよい説明をする労働者、会社に対して誤解したままユニオンに相談している労働者は珍しくありません。“労働者に問題あり”も多いのです。つまり、団体交渉は錯誤や作為による訴訟や内部告発を防ぐ可能性を持ちます。少なくとも買う必要のない恨みを解く意味を持ちます。また、団体交渉を行わなければそのユニオンの性格を知ることはできません。なお、私は過剰に身構える会社に対しては、労働委員会の立会いによる団体交渉を提案しました。

最近、「合同労組対策マニュアル」なる一部弁護士によるユニオン敵視の経営者リードが目立つようになったと聞きます。しかし、それは非常にハイリスクなミスリードです。

私にはユニオン役員の友人が多く、全国コミニュテイユニオン大会にも参加してきましたが、ユニオンの役員やオルグをしている人たちのほとんどは誠実で正義感が強く打算や私欲で動いていません。

聞く耳なしの攻撃的な対応は争議化に繋がります。そして、正義感に基づく労働争議には共感と人とカンパが集まります。それは、そう簡単には終わらない争議となり、長期化するのです。

（本多）

Ⅵ　団体交渉までの準備事項

1　はじめに

第１回団体交渉までに準備すべき事項は、当然のことながら団体交渉申入書で議題とされた事項についての調査、確認等ということになります。そして、議題が解雇の撤回を求めるというものであれば、どのような理由でその労働者を解雇したのか、残業代の支払い要求であれば、残業の有無、残業があるとすれば会社が考える残業代の金額、セクハラ問題であれば加害者とされる者からの事情聴取等を行うことになります。これらの具体的な準備事項について、以下説明します。

2　解雇撤回が議題の場合

(1) はじめに

団体交渉の議題が解雇撤回の場合、解雇理由が存在するか否かが重要な争点となります。もっとも、解雇といっても、普通解雇、懲戒解雇、整理解雇と大きく３つの類型があり、検討すべき要件も異なってきます。

そこで、労働組合からの団体交渉の申入れの議題が解雇撤回を求める場合は、その労働者に行った解雇が前記の３つのうちどれに該当するかを確認する必要があります。

なお、議題として、解雇撤回を掲げていても、実際には退職を前提とした金銭解決を求めているような場合があります（むしろ、そういう事案の方が多いかと思われます）。しかし、労働組合が、金銭解決を望んでいるのか、真に解雇撤回を求めているのかは、交渉に臨まないと分かりませんので、安易に金銭を支払えば済むと考えるのではなく解雇理由について十分に検討しておく必要があります。

(2) 解雇の類型ごとの検討

ア　普通解雇の場合

期限の定めのない雇用契約については、民法627条1項本文は、「いつでも解約の申入れをすることができる」と定めています。いわゆる正社員と呼ばれている労働者は、基本的には期間の定めのない雇用契約であり、民法上は、「いつでも解約する」ことができます。しかしながら、この原則は、判例により大幅に修正されています。すなわち、判例上「使用者の解雇権の行使は、それが客観的に合理的な理由を欠き社会通念上相当として是認することができない場合には、権利の濫用として無効になる」（最二小判昭和50年4月25日民集29巻4号456頁、日本食塩製造事件）という、解雇権濫用法理が確立され、現在では労働契約法16条において同趣旨の規定が設けられております。

ですから普通解雇が団体交渉の議題である場合には、解雇に、①客観的に合理的な理由があるか、②社会通念上相当性を備えているかという2つを検討する必要があります。

①客観的に合理的な理由については、解雇理由があるかどうかということと同義ですので、問題となっている労働者の具体的な行為が就業規則上、どの解雇理由に該当するかを検討する必要があります。

②社会通念上相当性を備えているかどうかというのは、多少曖昧な概念ですが、解雇理由はあるが、これに対して解雇という手段をもって臨むことが社会的に相当か、過酷に過ぎないかという観点からの基準です。たとえば、過去同じような行為を行っても解雇されていなかったのに、今回は解雇されておりバランスを欠いているのではないかとか、就業規則上は能力不足、勤務成績不良の場合は解雇できるとあるが、具体的に是正を求めていなかったなどという場合には、解雇をもって臨むのが適切ではない、すなわち社会通念上の相当性を欠くとして解雇が

認められない場合があります。

実際上、普通解雇が認められるための前記２つの要件は、使用者側に大きな負担となります。たとえば、勤務成績、勤務態度が悪いなどの理由で解雇するためには、使用者側で労働者に対して、日頃、どのような是正を求めていたか、どのような教育的指導をしたかなどの立証を求められます。そして、使用者において、労働者に種々の是正を日頃求めていたが（さらに、教育的指導も）、結局、労働者に改善が認められない場合にやっと解雇が認められるという、かなりハードルが高いものとなっています。

なお、使用者の中には、解雇予告手当を支払えば解雇できるとお考えの方もいますが、前述した２つの要件を充たさない限り、解雇は行えません。

イ　懲戒解雇の場合

懲戒解雇とは、いわば懲罰として労働者を解雇することをいいます。懲戒解雇の場合には、実務上、解雇予告・予告手当なしに即日解雇となり、また、退職金も不支給ないし減額となることが多いです。

労働契約法 15 条は、懲戒について「使用者が労働者を懲戒することができる場合において、当該懲戒が、当該懲戒に係る労働者の行為の性質及び態様その他の事情に照らして、客観的に合理的な理由を欠き、社会通念上相当であると認められない場合は、その権利を濫用したものとして、当該懲戒は、無効とする」と普通解雇の場合と同じように定めていますが、懲戒解雇は労働者にとって極めて厳しい処分であるため、懲戒解雇の有効性の判断は極めて厳格になされます。

よって、懲戒解雇の撤回が議題である場合には、懲戒解雇を行ってもやむを得ないという理由を積極的に説明できるように準備しておく必要があります。

また、典型的な懲戒解雇の例は、社員による不祥事を理由にするもの、たとえば、会社の金品を窃取した場合です。金品の窃取等については、裁判所も労働者に対して比較的厳しい態度をとっているといえますが、使用者としては、確実な証拠をもって懲戒解雇をしないと、後日、懲戒解雇を争われた場合、大きな問題となります。明確な証拠なく、「何となく怪しい。あの社員がいる時だけお金がなくなることが多い」などというレベルで懲戒解雇してしまうと、後日、団体交渉で大きなしっぺ返しを受けることになりますので、懲戒解雇事由を基礎づける証拠、資料を確保することは、懲戒解雇をするうえにおいて一番重要な作業です。

なお、懲戒解雇を行う場合、会社に懲戒委員会・賞罰委員会などがある場合、あるいは懲戒処分を行うにつき、労働組合との協議を要する規程がある場合には、その手続を履践せずに懲戒解雇をしてしまうと、それだけで重大な瑕疵があるとして無効となる可能性が極めて高いので注意が必要です。

極端な事案ですが、刃物をもって社長の腹部を刺して重傷を負わせた従業員に対する懲戒解雇が、解雇協議約款の定めがあるのにそれを履践していなかったというだけで手続上違法で無効された事案（昭和 47 年 7 月 12 日大阪地裁決定）があります。これは極端な事案ですが、労働者を懲戒解雇するために、手続の遵守が厳格に求められているということを理解するよい事案かと思います。

ウ　整理解雇の場合

整理解雇とは、使用者が経営不振などのために、従業員数を縮減する必要に迫られたという理由により一定数の労働者を余剰人員として解雇することと一般的には理解されています。

この整理解雇については、判例上、整理解雇法理なるものが確立されています。すなわち、整理解雇が有効として認められるためには、①会社に人員削減の必要性があったか、②なるべく解雇という手段をとらないように努力したか（解雇回避努力の有無）、③被解雇者の選定は合理性を有するか（人選の合理性）、④整理解雇を行うにあたり十分な説明を行ったか（手続の相当性）という４つの要素を総合的に検討の上、その有効、無効が判断されます。

それゆえ、団体交渉の議題として、整理解雇の効力が争われることが予想される場合は、使用者として前記４つの要素について、回答ができるように準備しておく必要があります。

その際、会社の経営がどのような状況であるのかを説明するための資料をどこまで開示するかという問題があります。会社としては、整理解雇を行う以上、経営が苦しい旨を説明しますが、労働組合は、「会社は、整理解雇をするほどまで経営は苦しくないはずだ。これは整理解雇の名を借りたものである。資料を出せ」と迫ります。

会社としては、このような労働組合の要求に対して資料に基づき具体的に反論をする必要がありますが、会社の決算書を開示することまでは必要ないと思います（もちろん、会社がある程度の決算書を種々の理由から開示している場合は、その限度で開示することは特段問題ありません）。決算書等の一部を抜粋したものでも十分かと思います。

(3) 解雇一般の留意事項

前述したように、普通解雇、懲戒解雇および整理解雇は、一応の要件ないし要素はあるものの極めて曖昧ですし、実際上、使用者にとっては、ハードルが高いものばかりです。それゆえ、個別の案件において、当該解雇が有効であるのか、無効であるのかという判断は、実際上、判断することは容易ではありません。

解雇の有効性については、最終的には裁判所が判断することになりますが、その前段階で団体交渉においても、裁判になった場合、どのような判断がなされる可能性が高いのかという視点を持って行うことは重要です。

この見通しは、専門家である弁護士等に相談することで一定の判断の予測を得ることはできます。そして、前述のとおり、解雇法制自体が、労働者に有利にできていることを踏まえ、裁判になった場合の見通し、訴訟経済の観点、訴訟準備等の会社側の負担等を勘案し、合理的な解決を団体交渉段階で模索することは、極めて合理的な対応であると思われます。

また、解雇の事案においては、団体交渉申入書の時点では「解雇の撤回」とされていても、実際には、退職を前提とした金銭解決を求めていることの方が多いです。

よって、団体交渉を通じて、労働組合の本心がどこにあるかを探ることは、早期解決の観点から重要なことです。

3　有期雇用契約の雇止めが議題の場合

(1)　期限の定めがある雇用契約でも期限どおりに終了しないことがある

期間の定めのある雇用契約は、雇用期間の満了により終了するのが原則です。しかし、これは理屈の上の話であって、実際には、「期間の定めのある雇用契約であっても、期間の満了によって直ちに契約を終了させることができない場合が多い」と考えた方がいいです。

(2)　更新された場合

当たり前の話ですが、契約を更新したときは、当然のことながら雇用契約は延長されます。また、更新をしなくても、雇用期間満了後も労働者が引き続き労働に従事しており、使用者がこれを知りながら異議を述べなかったときも同一の条件で更に雇用したものと推定されます（民法629条1項）。

(3)　無期転換請求権を行使された場合

2013年に施行された改正労働契約法は、有期雇用の労働者について契約を更新し、通算5年以上の勤続となる場合に、労働者に対して無期雇用に転換できる権利（無期転換権）を定めました（労働契約法18条）。この無期転換権は、2013年4月1日以降に締結された有期雇用契約に適用されています。

なお、無期転換権が発生する前に、使用者が労働者との間で、無期転換権を発生させないとか、発生しても放棄する、あるいは行使しないという合意を取り付けても、このような合意は労働契約法18条の趣旨を没却させるものとして公序良俗反して無効と解されています。

他方、無期転換権が生じた後にこれを放棄することは自由ですが、団体交渉の場で、無期転換権の放棄が問題となっているケースでは、労働組合側は、無期転換権の放棄が無効であることを前提として団体交渉に臨んでいるのでしょうから、「放棄したじゃないか」と強弁してもあまり意味がありません。どういう経緯で無期転換権を放棄することにしたのか、そのために使用者と労働者においてどのような協議をしたのか、無期転換権を放棄する際に何らかの経済的対価を支払ったのかなど、「無期転換権を放棄してももっともだ」と考えられるだけの資料を用意し、説明する必要がありますし、無期転換権を放棄してもらう際には、このようなことを視野に入れた対応が必要となります。

(4) 雇止め法理が適用される場合

無期転換権が発生しない場合（例えば、勤続年数が5年に満たない場合）でも、次の2つのタイプのいずれかに該当し、労働者が直ちに有期雇用契約の締結の申し込みをした場合（つまり契約の更新を求めた場合）には、使用者がこの申し込みを拒絶することに、客観的に合理的な理由があり、かつ社会通念上相当であると認められる場合でない限り、更新を承諾したものとみなされます（労働契約法19条）。

【実質無期契約タイプ】

当該労働者が、過去に反復して更新されたことがある労働者で、期間満了をもって、この者の雇用契約を終了させることが、期間の定めのない者を解雇することと社会通念上同視できる場合

【期待保護タイプ】

当該労働者において、期間満了時に当該有期雇用契約が更新されると期待することについて合理的な理由が認められる場合

ざっくりいえば、「これら２つのタイプのいずれかに該当する労働者は、期間が満了しただけでは雇用契約はしないですよ。雇用契約を終了させるためには解雇と同程度の要件が必要ですよ」ということが定められています。これらは従前の判例法理（東芝柳町工場事件・最一小判昭和49年7月22日民集28巻5号927頁、日立メディコ事件・最一小判昭和61年12月4日労働判例486号6頁）が労働契約法において法文化されたものです。

そして、上記２つのタイプに該当するか否かは、当該雇用の臨時性・常用性、更新の回数、雇用の通算期間、契約期間管理の状況、雇用継続の期待を持たせる言動・制度の有無等が総合考慮されますので、団体交渉においても、①上記いずれかのタイプに該当する事案であるのか（そもそも解雇権濫用法理の適用される事案か）、②仮に該当するとしても雇止めには客観的で合理的な理由があり、社会通念上も相当であるという二段重ねの説明をする必要があります。

(5) 期間途中の解約

期間途中における解約は、「やむを得ない事由がある場合」でなければできないと定められており（労働契約法17条1項)、「やむを得ない事由」とは、期限の定めのない契約における解雇が権利濫用にならない場合（労働契約法16条）よりも限定されたもので、期間満了を待つまでもなく雇用契約を解消せざるを得ない例外的な事由と解されています。

COLUMN **裁判と団体交渉は異なる**

司法試験に合格した後、司法研修所で修習するのですが、そこでは（最近では法科大学院でも)、原告、被告のどちらが主張立証責任を負っているかということを意識した教育がなされます。

そこで、弁護士の多くは、この主張立証責任が頭に凝り固まっています。たとえば、残業代請求事件について裁判となった場合、残業代を請求する労働者において、残業代が何時間あって、その金額はいくらで、ということを主張立証しなければなりません。それゆえ、先ほど例に挙げた弁護士の考えも理解できなくはありません。

しかし、団体交渉は裁判ではないですし（ただし、裁判になった際の見通しは重要です)、使用者は誠実交渉義務を負っているのですから、主張立証責任を前面に掲げて、労働組合の方で主張立証がなされない限り、会社側の回答はしないという対応は不誠実交渉といわれても仕方ありません。

あくまで交渉であり、「相手方（労働組合）を説得するんだ」という姿勢が必要なのです。

（荒瀬）

4　定年後の再雇用を求められた場合

一定の年齢への到達を雇用契約の終了事由とする定年制は、日本の長期雇用制度の中心的な仕組みでした。

この定年制を導入する場合には、高年齢者等の雇用の安定等に関する法律（以下「高年齢者雇用安定法」といいます）８条により、原則として 60 歳以上でなければならないとされています。

さらに、65 歳未満の定年制を実施している企業は、①定年制の年齢の引き上げ、②希望者を対象とした継続雇用制度の導入、③定年制の廃止のいずれかの措置を講じなければならないとされています（高年齢者雇用安定法９条）。

そして、このような高年齢者雇用安定法の趣旨からすれば、労働者が使用者が定めた継続雇用規程の定めに従って再雇用の申し込みをしている場合には、使用者がそれを拒否することは客観的に合理的理由を欠き社会通念上相当でないと評価され、労働者が再雇用されたのと同様の法律関係が成立するとした判例があります（津田電気計器事件・最一小判平成 24 年 11 月 29 日労働判例 1064 号 13 頁）。

5　雇用契約を終了させる要件等のまとめ

色々な場面で使用者の方から雇用契約を終了せざるを得ないケースがありますが、主な終了事由についてまとめると以下の表のとおりとなります。

雇用契約の終了が団体交渉の議題となっている場合（例えば、解雇が無効であると主張されている場合）には、雇用契約を終了させるための要件ないし要素について、どこまで使用者側で説明し、立証できるかが重要となります。

終了の原因	規範（要件ないし要素）	条文・判例等	備考
普通解雇	解雇は、**客観的に合理的な理由**を欠き、**社会通念上相当**であると認められない場合は無効。	労働契約法16条	いわゆる解雇権濫用法理
懲戒解雇	懲戒（解雇）が、当該懲戒（解雇）に係る労働者の行為の性質及び態様その他の事情に照らして、**客観的に合理的な理由**を欠き、**社会通念上相当**であると認められない場合には、当該懲戒（解雇）は無効。	労働契約法15条	普通解雇より厳格な審査となる。

整理解雇	①人員削減の必要性 ②解雇回避努力義務の履践 ③解雇対象者選定（人選）の合理性 ④説明・協議等の解雇手続の妥当性 を総合考慮。	労働契約法16条	事例判決的な裁判例が多く、左記は学説が裁判例における判断要素を抽出したもの。
内定取消し	採用内定の取消事由は、採用内定当時知ることができず、また知ることができないような事実であって、これを理由として採用内定を取り消すことが解約権留保の趣旨、目的に照らして**客観的に合理的**と認められ**社会通念上相当**として是認することができるものに限られる。	大日本印刷事件・最二小判昭和54年7月20日民集33巻5号582頁	内定は始期付きの解約権が留保された雇用契約であると解されている。
本採用拒否	解約権留保付雇用契約における解約権の行使は、解約権留保の趣旨、目的に照らして、**客観的に合理的な理由**があり**社会通念上相当**として是認される場合に許される。	神戸弘陵学園事件・最三小平成2年6月5日民集44巻4号668頁	試用期間は解約権が留保された雇用契約であると解されている。

有期雇用契約の雇止め	次のいずれかに該当する場合で、労働者が契約更新の申し込みをしたときは、使用者が当該申し込みを拒絶することが、**客観的に合理的な理由**を欠き、**社会通念上相当**であると認められないときは、使用者は従前の労働条件と同一の労働条件で申し込みを承諾したものとみなす。 ①社会通念上、期限の定めのない労働者の解雇と同視できる場合 ②契約が更新されることについて、合理的な期待がある場合	労働契約法19条	いわゆる雇止め法理。無期転換権にも注意。
有期雇用契約の中途解約	「やむを得ない事由がある場合」でなければ、その契約期間が満了するまでの間、労働者を解雇することができない。	労働契約法17条	普通解雇の場合に比べて厳しい要件であると解されている。
定年制	X（労働者）につき継続雇用基準を満たしていないものとして規定に基づいて再雇用することなく、雇用契約が終了したものとすることは、他にこれをやむを得ないものとみるべき特段の事情もうかがわれない以上、客観的に合理的な理由を欠き、社会通念上相当であると認められないものといわざるを得ない。	津田電気計器事件・最一小判平成24年11月29日	事例判断的ではあるが、雇止め法理の枠組みで判断されている。

そして、これらのケースでは、「合意退職＋解決金の支払い」という形で解決されることが多いですが、解決金の額を抑えるためにも、雇用契約の終了原因について的確な説明、立証が必要となります。逆にいえば、この点が曖昧なケースでは解決金の額は高額なものとなります。

なお、このような要件は抽象的なものです。実際、「客観的に合理的理由」とか「社会通念上相当」といっても基準としてはかなり曖昧です。裁判所が事案に応じた適切な解決を可能とするため、あえて抽象的にしているものと思います。

そのため類似の事案の裁判例等を参照して、問題となっている事案が雇用契約を終了させることが難しい事案かどうかを検討し、落としどころ（有体にいえば解決金の額）を探ることになります。

6　未払賃金（残業代等）が議題の場合

(1) 労働時間を管理せよ

団体交渉の議題が未払賃金である場合、その多くは時間外労働（いわゆる残業代）の支払いを求めるものです。在職中の従業員から支払いを求められることもありますが、退職した元従業員から求められることの方が多いです。この場合には、時間外労働の有無、ある場合にはその時間を確定する必要があります。

会社がタイムカードなどで労働時間を管理している場合にはよいのですが、会社において従業員の労働時間をタイムカード等で管理していない場合には、残業時間を正確に把握できません。このような場合でも、シフト表や営業時間などを手がかりに実態に近づけるよう努力することが必要です。

なお、使用者の中には、あるいは弁護士の中にも、時間外労働の有無およびその時間は労働者において立証すべきものであり、使用者において回答する必要はないという方もいますが、使用者には、労働組合が申し入れた団体交渉について誠実に応じる義務があり、このような杓子定規の対応は不当労働行為と判断されてしまうので注意が必要です。特に、勤務時間を会社において正確に把握していない場合、労働組合によっては、その事実だけをもって、「労働者の勤務時間を把握していないとは何事か。そのような会社が未払残業代がないとなぜいえるのか」と非難することがあります。厚生労働省の通達では、使用者に労働者の労働時間を適正に把握する責務があるとしています。よって、正確な労働時間を把握できないというときでも、実態に近づける努力を行い、説得的な根拠を示す姿勢が必要です。

このように、残業代の未払いが議題の場合、使用者側でも、時間外労働の有無およびその時間を確定する必要があり、また、深夜残業、休日出勤等で割増賃金の額も異なってきますので、かなりの時間と労力を割かなければなりません。

このようなことにならないように、常日頃から、労務管理を徹底しておく必要があります。

(2) 残業代の計算

残業代は、ざっくりいうと次のような計算式によって計算します。

残業代	**①通常の労働時間又は労働日の賃金×②割増率×③時間外・休日・深夜労働の時間**

①の「通常の労働時間又は労働日の賃金」とは、これまたざっくりいうと、次のような計算式によって算定します。

（㋐支給される賃金－㋑除外賃金）÷㋒所定労働時間

つまり、労働者の１時間あたりの賃金額（時給）を求めるわけです。

なお、除外賃金は労働基準法 37 条５項、同施行規則 21 条に限定列挙されています。

②の「割増率」は、㋐時間外労働の割増率は 25％、１か月 60

時間を超える時間外労働に対しては50%、㋑深夜労働に対しては25%、㋒休日労働に対しては35%とされています（労働基準法37条）。なお、1か月60時間を超える時間外労働に対する割増率（50%）については、当面の間、中小企業に対しては適用が猶予されていましたが、2023年4月より中小企業にも適用されます。

(3) 消滅時効

従前、賃金等の請求権は2年間で時効により消滅するとされていましたが（退職金は5年）、改正民法による影響を受け、賃金請求権の消滅時効期間は5年とされました。もっとも、諸々の事情を考慮して、当分の間は賃金請求権の消滅時効期間は3年とされています（改正労働基準法115条）。

使用者としては、賃金請求の事案においては、消滅時効の援用も含めた検討が必要となります。

7　正社員との賃金格差の是正を求められた場合（同一価値労働同一賃金）

2018年の働き方改革関連法により、従前の「短時間労働者の雇用管理の改善等に関する法律」が「短時間労働者及び有期雇用労働者の雇用管理の改善等に関する法律」（以下「パート有期法」といいます）に改正されました。

この法律は、短時間労働者（パートタイム労働者）や有期雇用労働者の保護を図る法律ですが、その8条は、基本給、賞与その他の待遇に関して、通常の労働者の待遇との間に不合理な相違を設けることを禁止しています。

それゆえ、働き方が多様化している現在において、使用者において合理的であると考えて設けた待遇の相違について、労働組合から不合理であるとして、その是正を求められることが想定されます。

もっとも、パート有期法8条も「不合理な相違」を禁止しているだけで、「相違」それ自体を禁止しているわけではありません。そして、「不合理な相違」であるか否かは、①業務の内容及び当該業務に伴う責任の程度（「職務の内容」と定義づけられています）、②職務の内容及び配置の変更の範囲、③その他の事情のうち、当該待遇の性質及び当該待遇を行う目的に照らして適切と認められるものを考慮すると規定しています。

分かりにくい規定かもしれませんが、ざっくりいえば、「職務の違い」と「待遇の差」を比べて、「そのような差を設けてもおかしくないよね」といえるかという基準ですので、団体交渉の場においても、どういう理由で差を設けているのかということをしっかり説明できる必要があります。

なお、この点については、「短時間・有期雇用労働者及び派遣労働者に対する不合理な待遇の禁止等に関する指針」（平成 30 年 12 月 28 日厚労告 430 号）が、基本的な考え方や具体例を掲載しており参考になります。

なお、このような考え方は、派遣労働者についても当てはまります。

COLUMN

非正規雇用労働者の労務管理こそ重要

短時間労働者とは、１週間の所定労働時間が同一の事業主に雇用される通常の労働者の１週間の所定労働時間に比して短い労働者をいい、一般的にはパートタイムで働いている労働者を指します。

この短時間労働者と有期雇用労働者、派遣労働者を併せて「非正規雇用労働者」ということがあります。従前、非正規雇用労働者は雇用の「調整弁」と考えられていましたが、労働者であることには変わりありませんし、前述した法改正も相まって非正規雇用労働者についての労務管理の重要性はむしろ増しています。

（荒瀬）

8　セクハラ・パワハラが議題の場合

セクハラ・パワハラの場合には、まずやるべきことは、労働組合が指摘するようなセクハラまたはパワハラが実際に存在したかを調査することです。

この労働組合が指摘するセクハラやパワハラが実際に存在するのかという調査を行う際には、細心の注意が必要です。なぜなら、セクハラ・パワハラに関する調査は、被害者にとってはもちろん、加害者にとっても名誉にかかわることだからです。粗雑な調査をしたことにより、会社が加害者とされる人からも名誉毀損等で損害賠償請求を受けるような事態は、絶対に避けなければなりません。

また、加害者とされる人を団体交渉に参加させるかどうかについても十分に検討する必要があります。たとえば、パワハラの場合、加害者とされる人を団体交渉に出席させた場合、団体交渉がその人のつるし上げの場となってしまう可能性が高いので、労働組合側が出席を求めた場合でも出席は控えさせた方がよいでしょう。

繰り返しになりますが、誰を団体交渉に出席させるかは各当事者の責任と判断で決定すべき事柄であり、労働組合から出席を求められても出席させる義務はありません。

9　配転命令の撤回が議題の場合

(1)　基礎知識

配転とは、従業員の配置の変更であって、職務内容または勤務場所が相当の長期間にわたり変更されるものをいいます。このうち、同一の勤務地（事業場）内の勤務箇所（所属部署）の変更を配置転換といい、勤務地の変更が転勤といわれます。配転命令の撤回が団体交渉の議題である場合、注意すべき点は、大きく次の２点です。

(2)　職種・勤務地限定契約の存否

雇用契約において、労働者の職務や勤務地が限定されている場合、使用者は一方的に労働者の職種を変更したり、勤務地を変更したりすることはできません。そこで、まず、雇用契約上、職種あるいは勤務地を限定する旨の規定がないか確認する必要があります。

就業規則には、「配転を命じることがある」などと配転命令があり得ることを明示していることが多いのですが、中途採用の労働者やパート、有期雇用の労働者の場合等には、就業規則とは別の雇用契約書が作成され、そこに「職種　○○」、「勤務地　○○」というように、職種または勤務地を限定したかのような記載があることがあります。職種限定契約、勤務地限定契約と主張されることがありますので注意が必要です。

(3) 配転命令の有効性

団体交渉の場は、配転命令が有効か否かを終局的に判断する場ではありませんが、使用者において配転命令を撤回しない以上、配転命令が私法上も有効であること（権利濫用に当たらないこと）を説明する必要があります。

この点について、東亜ペイント事件（最二小判昭和61年7月14日労判477号6頁）では、①配転命令に業務上の必要性が存在しない場合、②業務上の必要性が存在する場合でも、その配転命令が他の不当な動機・目的をもってなされたものである場合、③労働者に通常甘受すべき程度を著しく超える不利益を負わせる場合など、特段の事情がない限りは、権利の濫用にはならないと判示しています。そこで、使用者としては、上記3つの点について、労働組合に説明する必要があります。

なお、業務上の必要性の有無（①）は、「余人をもって代え難い」といった高度なものである必要はないと考えられています。

不当な動機・目的の有無（②）に関連して、労働組合から、「今回の配転命令は、当組合の執行委員長を狙い撃ちにした不当な動機・目的に基づくものであり、不当労働行為である」と主張されることがあります。これは不利益取扱い（労組法7条1号）の成否にも関わる問題で、使用者としては、配転命令の動機・目的が不当なものではなく、あくまで業務上の必要性に基づくものであることを説明するほかありません。そういう意味で、「業務上の必要性」が生命線であるといっても過言ではありません。

通常甘受すべき程度を著しく超える不利益の有無（③）については、以前は単身赴任を強いられるという程度であれば濫用には当たらないと判断されていましたが、平成13年の改正育児介護休業法により、使用者には一定の配慮義務が求められ、ワーク・ライフ・バランスへの配慮にも注目が集まっています。労働組合がその旨主張すると思いますので、通常甘受すべき程度を著しく超える不利益がないことについても、業務上の必要性とその程度について十分に検討・準備し、労働組合に対して説明する必要があります。

10　休職、復職が議題の場合

(1) 基礎知識

休職、復職に関する論点は、マイナーな問題のように思われますが、近年のうつ病などのメンタルヘルス等に関するトラブルの増加に伴い、使用者においても無視できない論点となっています。

休職とは、労働者を労務に従事させることが不能または不適当な事由がある場合に、使用者が、労働契約関係自体は維持させながら、労働者の労務の提供を免除することまたは禁止することと解されています。逆に、復職とは、休職を命じられていた労働者が職に復することをいいます。

休職には、一般的に、傷病休職、事故欠勤休職、起訴休職などがありますが、このうち、傷病休職に関する問題がメンタルヘルス問題と関連して急増していますので、ここでは傷病休職について取り上げます。

傷病休職は、業務外の傷病により長期間にわたる欠勤が予想される場合に、労働者に対して労務の提供を免除または禁止するもので、一般的に、休職期間中に傷病が治癒し就労が可能となれば休職を終え復職し、治癒しないで休職期間満了となれば、自然退職または解雇になるとされています。また、休職期間中は給与等を支給しないとする会社も多いです。

そのため、復職できるか否かは、労働者にとってまさに死活問題なのです。

(2) 復職の条件である「治癒」の意味

労働組合から、休職中の労働者の復職を求める団体交渉申入れがあった場合の最大の争点は、復職可能か、換言すれば、従前の傷病が「治癒」したかです。

この点、判例は、「労働者が職種や業務内容を特定せずに労働契約を締結した場合においては、現に就業を命じられた特定の業務について労務の提供が十全にはできないとしても、…当該労働者が配置される現実的可能性があると認められる他の業務について労務を提供することができ、かつ、その提供を申し出ているならば、なお債務の本旨に従った履行の提供があると解するのが相当である」(片山組事件・最一小判平10年4月9日労判736号15頁)。としたものがあります。

すなわち、労働契約において業務が特定されていない場合には、休職前に行っていた業務には耐えられないとしても、より軽易な業務に就くことが可能であり、労働者本人もそれを希望しているときは、復職させる必要があるのです。

(3) 医師の診断書の検討

以上のとおり、多くの企業が復職の条件としている「治癒」の概念は、一般的な理解と法律的なものとでは大きくことなります。

それゆえ、使用者としても、「従前の業務を行えない以上、治癒しているとはいえない」と安易に考えるのではなく、①復職を希望している労働者の職種が労働契約上限定されたものか否か、②より軽易な業務に就かせることは可能か、③労働者本人はより軽易な業務での復職を希望しているか、という点について十分に検討する必要があります。

もっとも、前記のうち「より軽易な業務に就かせることは可能か」という判断は、医学的知見を必要とする場合もあり、使用者において行うことは難しいですし、安易に復職させて症状が悪化した場合、逆に安全配慮義務違反がある、あるいは労災であるなどと責任を追及されかねません。

そこで、使用者としては、復職を希望する労働者に対して、医師の診断書を提出するように求め、これを検討する必要がありますし、診断書の記載からでは判断が難しい場合には、医師との面談を行うことも検討すべきです。

なお、労働者が提出する診断書に疑問がある場合に、さらに使用者側の医師の診断を受けるよう指示することができるか、あるいは労働者側の医師と使用者側の医師とで判断が分かれた場合、どちらを採用するかというのは非常に難しい問題です。このような紛争を生じさせないためにも、就業規則等において、「復職を申し出るに当たっては、会社が指定する医師が作成した診断書を提出すること」などといった規定を設けておくことをおすすめします。

(4) より軽易な業務に就かせる場合、賃金はカットしてもよいか

労働者を休職前の業務ではなく、より軽易な業務で復帰させる場合、使用者は賃金を減額させることはできるでしょうか。一見、業務内容が軽減されているから賃金の減額は認められそうですが、労働者の賃金について、使用者の方で一方的に引き下げることはできません。

11　賞与の支給額が議題の場合

(1) 基礎知識

賞与（一時金）は、通常、夏季賞与と年末賞与の２回に分けて支給されるもので、いわゆるボーナスと呼ばれるものです。

しかし、就業規則上は、賞与支給の有無、その時期、賞与の算出方法（たとえば、会社の業績等を勘案してこれを決定する）が抽象的に定められていることが圧倒的に多いです。それゆえ、労働者の具体的な賞与請求権は、使用者の決定を待って初めて発生することになります。

そのため、労働組合を通じて、賞与の支給額を巡り団体交渉が行われることになるのです。

(2) 使用者側の対応

賞与に関する団体交渉の場合、労働組合の方から金額の提示があることがほとんどですので、使用者は、労働組合からの要求に応じるか否かを検討することになります。

また、賞与は、会社の業績と連動している場合も多いため、労働組合から会社の経営状況が分かる資料を提示するよう求められることもあります。会社の決算書などをそのまま提示する必要はありませんが、誠実交渉義務を果たすという観点から、決算書の一部を抜粋するなど、労働組合を説得し、納得を得る必要があります。

今期の売上、利益等と過去の売上げ、利益等を比較し、今期については賞与の支給額が前期と比べて減らざるを得ないとなどという具体的な説明が望ましいといえます。

(3) 団体交渉中に支給日を経過した場合

労働組合と賞与の支給額を巡り団体交渉を行っている最中に、賞与の支給日が経過してしまうことがありますが、労働組合との間で合意に至っていない以上、支給する必要はありません。むしろ、団体交渉で合意に至っていないにも関わらず、賞与を支給した場合、労働組合の活動を無視したものであるとして、支配介入（不当労働行為の１つ）が成立する可能性があります。

この場合、労働組合に加入していない従業員の賞与については支給して構いません。労働組合は、あくまで労働組合に加入している労働者のために使用者と交渉するのであり、原則として、労働組合に加入していない者の労働条件等に影響を及ぼすものではないのです（なお、例外として、労働協約が労働組合に所属していない労働者にも及ぶ場合があり、これを労働協約の一般的効力といいます）。

その結果、組合員以外の労働者には支給日に賞与が支給され、組合員には支給日に賞与が支給されないという事態が生じますが、これは基本的には不当労働行為の１つである不利益取扱いにはなりません（労組法７条１号）。なぜなら、組合員であること等を理由として賞与を支給しないのではなく、労働組合との間で合意に至らないから支給できないにすぎないからです。

12　賃金カットの是正が議題の場合

(1)　基礎知識

使用者は、一方的に労働者の賃金をカットすることはできません。賃金カットが議題となる団体交渉は、使用者において、すでに賃金カットを実施したところ、労働者ないし労働組合から異議が出たという場合でしょう。

このようなケースは決して望ましいものではありませんが、団体交渉という場が賃金カットを適法に行うためのチャンスとなることもあります。

(2)　労働協約の締結

まず、団体交渉を行った結果、希にですが、労働組合が賃金カットの全部または一部に同意する場合があります。その場合、使用者と労働組合との間で締結される労働協約は就業規則よりも効力が強いものです。よって、少なくとも労働組合との間で賃金カットにつき合意できるなら、組合員については、その合意どおりの支払いで足ります。また、事業場の４分の３以上の数の労働者が同一の労働協約の適用を受けるに至った場合には、他の同種の労働者に対しても、労働協約の効力は及びます（労組法 17 条）。

このように、団体交渉に至った場合でも粘り強く交渉することが必要ですし、うっかり行ってしまったミスをカバーできる可能性もあるのです。

(3) 就業規則の変更

就業規則の変更により労働条件を変更するためには、変更後の就業規則を労働者に周知させるという手続的要件のほか、就業規則の内容が合理的なものであることが必要です（労働契約法 10 条）。

問題は、どのような場合、就業規則の内容が合理的なものであるといえるかですが、同条は、その判断基準として、次の要素を掲げています。

① 労働者の受ける不利益の程度
② 労働条件の変更の必要性
③ 変更後の就業規則の内容の相当性
④ 労働組合等との交渉の状況
⑤ その他の就業規則の変更に係る事情

このうち、最も重要なのは、①と②であり、まさに両者の利益考量という点が大きいですが、④の労働組合等との交渉の状況も無視できないものと思います。すなわち、労働組合等と交渉を行うことにより、労働組合または労働者側の意向を確認し、場合によっては一部これを反映することも可能になります。最終的に合意に至らなかったとしても、労働組合等と交渉を重ねた結果、作成した就業規則であることは、使用者側の事情②を補完するよい材料になると思います。

(4) 検討・準備事項

賃金カットを行う以上、使用者の経営状況が分かる数字を示す必要があります。それは決算書そのものでなくてもよいですが、売上げ、利益等の金額を抜粋し、過去のものと比較して、賃金カットの必要性を説明すべきです。

　また、労働者だけに一方的に不利益を押しつけることにならないよう、経営陣も報酬をカットするなどし、その旨を労働組合に伝えるべきでしょう。賃金カットが問題となる場合に、労働組合から「経営陣の報酬が高すぎる。まずは、それをカットすべきだ」という要求が出されることは目にみえていますし、会社の経営を立て直す際には、経営者には、この位の心構えは必要と思います。

13　事業譲渡等の企業再編に関する事項が議題の場合

(1)　基礎知識

M＆Aという言葉を耳にするようになり久しいですが、M＆Aは、雇用契約に大きな影響を与えます。簡単にいえば、経営者、勤務先、賃金等の労働条件が変わってしまうのです。また、このような労働条件の変更は、労働者ごとに個別に行われるものではなく、集団的に行われるものであり、労働者が団結する（集団的労使紛争に発展する）契機となることもあります。

なお、M＆Aの手法には、様々なものがありますが、ここでは、よく問題となり得る合併、事業譲渡、会社分割について想定される団体交渉の議題について簡単に説明します。

(2)　合併について

ア　合併の基礎知識

合併とは、２つ以上の会社が契約により１つの会社になることをいいます。

合併には２つの類型があり、Ａ社とＢ社が合併し、Ｂ社がＡ社に吸収されるような類型を吸収合併といいます。その場合、Ｂ社は合併により消滅するので消滅会社、Ａ社は合併後も存続するので存続会社といいます。また、Ａ社とＢ社が合併し、新しいＣ社となり、Ａ社、Ｂ社は消滅するという類型を新設合併といいます。合併により新設されたＣ社のことを新設会社といいます。

このように合併には、吸収合併と新設合併という２つの類型がありますが、その法的効果はいずれも同じで、消滅会社の権利義務はすべて存続会社または新設会社に承継されます。これを包括承継といいます。このように合併は、包括承継であることから、労働契約もすべて存続会社または新設会社に承継されます。この承継にあたり、労働者の個別的同意を得る必要はありません。

イ　団体交渉の議題

このように、合併の場合は、包括承継がなされるので、一見、労働者への影響は少ないようにみえますが、Ａ社とＢ社というこれまで独立して事業を行っていた会社が合併するわけですから、部門等によっては、合併後、余剰人員が発生することがあります。そこで、合併前にあらかじめ人員を削減するなど余剰人員を整理した上で、合併するというケースがあります。

その場合の団体交渉では、希望退職者の募集、整理解雇という議題が予想されます（74頁を参照）。

また、合併が包括承継であることから、たとえば吸収合併の場合でも、消滅会社（Ｂ社）の労働条件は、合併後も存続会社（Ａ社）に承継され、２つの労働条件が併存することとなります。その場合、使用者は、就業規則を変更することなどにより労働条件の統一を図ることになりますが、この労働条件の変更について団体交渉の議題となり得ます。

同様の理由で、労働協約も併存する可能性がありますので、これに対する対応も必要となります。

(3) 事業譲渡

ア 基礎知識

事業譲渡とは、営業の目的のために組織された有機的一体性のある財産としての事業を譲渡することをいいますが、先ほどの合併とは異なり、承継される権利義務の範囲は譲渡人と譲受人の契約によって定められます。これを特定承継といいます。

事業譲渡の際に労働契約が承継されるか否かについては、事業譲渡に伴い労働契約も当然に承継されるという見解（当然承継説）と、当然には承継されず、個別の手続を要するという見解（特定承継説）がありますが、実務上は、特定承継説によっています。

それゆえ、たとえば、Ａ社がその事業すべてをＢ社に譲渡し、Ａ社は解散するという場合には、事業譲渡の対象にならなかった（Ｂ社に労働契約が承継されなかった）労働者は職を失ってしまうのです。

この場合、労働契約が承継されなかった労働者が労働組合を結成し、団体交渉を申し入れることがあります。

イ 団体交渉の主体

事業譲渡の場合、団体交渉の当事者である「使用者」は、譲渡人（Ａ社）、譲受人（Ｂ社）のどちらでしょうか。結論としては、いずれも「使用者」たり得ます。

まず、事業譲渡の対象となり得る労働者Xは、譲渡人（A社）に雇用され、または雇用されていた者で、労組法上の「労働者」に該当し、A社は、労働者を雇用するものであり使用者に当たります。

また、労組法にいう「使用者」とは、「労働契約関係ないしそれに隣接ないし近似する関係を基盤として成立する団体的労使関係上の一方当事者」をいうと解されており、近い将来、労働契約関係が生じる可能性がある場合には、労組法上の使用者とされます。よって、近い将来、B社は、事業譲渡により労働者Xと労働契約を締結する可能性があり、労組法上の使用者に該当するのです。

ウ　偽装解散・不当労働行為の可能性

このような事業譲渡は、労働組合を排除する手法として用いられることがあります。すなわち、使用者（A社）が新しい会社（B社）を設立し、従前行っていた事業をすべて新しい会社（B社）に譲渡して、従前同様事業を継続するが、労働組合に所属する労働者（組合員）を事業譲渡の対象から外し新しい会社（B社）の従業員として採用せず、かつ従前の会社（A社）を解散することにより、組合員または労働組合を排除するのです。このような事案を偽装解散といいます。

しかし、このような事業譲渡は、それ自体が支配介入を構成しますし、組合員らを新しい会社（B社）で採用しなかったことが、不利益取扱いを構成することになります。とりわけ解散した会社（A社）と新設された会社（B社）の資本、経営者、事業に用いる施設等が同じである場合には、不当労働行為と認定される可能性は極めて高くなります。

(4) 会社分割

ア　基礎知識

会社分割は、１つの会社が事業の一部を分割して２つ以上の会社に分けることをいいます。

会社分割には、分割する会社がその事業に関して有する権利義務の全部または一部を既存の会社（存続会社）に承継させる吸収分割と、分割会社が新たに会社（新設会社）を設立して承継させる新設分割とがあります。

会社分割は、事業譲渡と異なり、個々の権利義務について契約で承継の範囲を画するのではなく、対象となった事業に関する権利義務は当然に承継される点に特徴があります。このように事業の一部を当然に承継するので、部分的包括承継と呼ばれます。

イ　労働契約承継法

分割会社の権利義務は、分割計画書等の内容に従って、承継会社または新設会社に承継されます。労働契約も同様であり、労働者の意思とは無関係に承継の有無が決せられます。そのため、従前、主に従事していた事業とは切り離される労働者が発生し不利益を受ける可能性があることから、労働契約承継法は、労働者の異議申出によりこの不都合を回避することにしました。

すなわち、たとえば、①労働者Ｘが、Ａ社の分割・承継の対象となる事業（甲事業）に「主として」従事する労働者であるにも関わらず、分割計画書等に承継の対象となる旨の記載がない場合、甲事業が会社分割によりＡ社の外に切り出されたときは、Ｘは、従前、主として従事していた事業（甲事業）に従事することができなくなります（会社分割の結果、A社には甲事業はもうありません）。よって、この場合、Xは異議を申し立てることにより、従前、主に従事していた甲事業とともに、会社分割の対象となり、B社に承継されることになります。

他方、②労働者Xが、A社の分割承継の対象となる事業（甲事業）ではなく、別の事業（乙事業）に主に従事しており、甲事業については、「従として」しか従事していなかったにも関わらず、分割計画書等に承継の対象となる旨の記載がある場合、Xは、これまであまり従事していなかった甲事業とともにB社に承継されてしまいます。この場合、Xは異議を申し出ることにより、A社に残ることができます。

第3章

団体交渉の現場

視　点

1．団体交渉を行うと決めた以上、その交渉は、紛争を早期に解決するための有効な手段であるということを認識し、その機会を積極的に利用すべきです。

2．団体交渉は、誠実に交渉に応じる必要はありますが、譲歩をする義務があるわけではありません。是々非々で対応することで、会社の考えを明確に労働組合に伝えることが重要です。このような対応は、紛争の早期解決につながることになります。

3．団体交渉は、「冷静に粘り強く行う」しかありません。労働組合は、団体交渉のいわばプロです。絶対に、労働組合側の挑発に乗らないことが重要です。

I　団体交渉に臨む際の心構え

1　誠実交渉義務

労組法7条2号は、使用者が労働組合と団体交渉をすることを正当な理由がなく「拒むこと」を不当労働行為として禁止しています。

もっとも、ここでいう「拒むこと」とは、実際に労働組合と団体交渉をしないということに止まらず、「誠実に」団体交渉を行わないことも含まれると解釈されています（「不誠実交渉」といわれています）。つまり、不誠実な交渉は、団体交渉の拒否と異ならないということです。

すなわち、使用者には、団体交渉に応じる義務だけではなく、「誠実に」応じる義務があるのです。裁判例（カール・ツアイス事件・東京地裁平成元年9月22日労判548号64頁、シムラ事件・東京地裁平成9年3月27日労判720号85頁）も、使用者には、労働組合の要求、主張の程度に応じて回答し、あるいは回答の根拠となる資料を示すなどして誠実に対応し、合意達成の可能性を模索する義務（「誠実交渉義務」といわれます）があるとしています。

では、どのような場合に「不誠実交渉」などと評価されるのでしょうか。具体的には、「当社は、労働組合と話し合うつもりはない。ただ、団体交渉を拒否すると、不当労働行為といわれるから、とりあえずこのような場を設定しただけだ」など当初から労働組合と合意するつもりはないと宣言して行う団体交渉、あるいは具体的な理由を示すことなく対案を提示しない団体交渉、合理性の疑われる主張に固執する団体交渉などが不誠実交渉にあたります。

また、前述しましたが、労働組合が未払賃金の支払いを求めて団体交渉を申し入れた場合、「未払賃金の存在については、労働者に立証責任があるので具体的な証拠を出さない限り応じられません」という対応をする弁護士がいますが、このような対応は、誠実義務を果たしたとはいえません。

労働組合からの団体交渉の申入れに応じるという判断をした以上は、感情的にならず、この団体交渉の場を紛争を早期に解決するための場であると考えて、積極的に対応をすべきです。労働問題が訴訟や労働審判で行われる時間的なロスを考えると、どうせ団体交渉をするのですから、その団体交渉をうまく利用して解決を図る姿勢が、一番合理的かもしれないのです。

また、この団体交渉において会社の考えを明確に伝えることは、早期解決のために重要なことです。なぜなら、労働組合側としても、団体交渉の申入れを行ったけれど、一体使用者側は本件についてどのような考えを持っているのかを知りたがっています（労働組合も紛争の解決のために団体交渉の申入れをしています）。その紛争解決のための糸口を示すためにも使用者は、団体交渉の場で、労働組合が議題として設定した問題に明確に回答することが重要なのです。

2　誠実交渉義務は譲歩する義務を含まない

前述のとおり、使用者において団体交渉を誠実に行う義務がありますが、この使用者が負っている誠実交渉義務は、譲歩して合意する義務まで含むものではないことに注意する必要があります。もしかしたら、団体交渉に応じることを毛嫌いする理由として、「団体交渉に応じると、結局、何らかの譲歩をしなければならない」という誤った認識があるのかもしれません。しかし、使用者には、譲歩する義務はありません。団体交渉を通じて労働組合の要求に応じることができないのであれば、使用者は労働組合に対して、その根拠を示して説明することで十分なのです。そして、使用者が労働組合と十分に議論した結果、合意に達しない場合（交渉の行き詰まり）には、交渉を打ち切っても誠実交渉義務違反、すなわち、団体交渉拒否には該当しません。

もっとも、誠実交渉義務は、交渉の相手方との相互のやりとりの中で展開される相対的・能動的な義務であるといわれており、労働組合の交渉態度や対応によって義務の内容や義務違反の成否が変動するものです。つまり、何回、団体交渉をすれば誠実交渉義務を尽くしたことになるのかは事案によって異なります。それゆえ、安易に交渉を打ち切るべきではありませんし、ある意味感覚的なところもありますので経験豊富な専門家の助言が必要なところでもあります。

3　団体交渉をポジティブに考える

前述したように、誠実交渉義務を負っていることを前提に団体交渉に臨む必要がありますが、それとは別に使用者において「団体交渉で何を得るか」ということを意識する必要があります。

「団体交渉を申し入れられたから、しょうがなくやっている」というように目的意識がなければ、意味のない多くの時間が経過し、労働組合に対する恨みが増すばかりで、労使紛争は全く解決しませんし、あげくの果てには街宣活動をされたり、不当労働行為の申立てをされたりと、悪の無限ループから抜け出せなくなります。

結論において、使用者は団体交渉を拒否できないですし、前述したような誠実交渉義務も負っているのですから、ここは割り切って前向きに考えた方が精神衛生的にもよいと思います。

使用者の中には、「うちの(元)従業員をたきつけて、金をせびりに来た」と考える人がいますが、考え方を変えれば、団体交渉を通じて、労使紛争をファジーな形（あるいは裁判になったときよりも割安で）で解決することができるチャンスかもしれないのです。

実際には、労働組合からの団体交渉の申し入れなど無い方がいいのでしょうが、一旦申入れを受けた以上、何らかの積極的な意義を見出して、「この問題を解決する。問題点を改善する」というポジティブ・シンキングも必要であると思います。

4　落としどころを考える

何事もそうですが、目的意識を持たないで事を進めてもろくな結果になりません。

団体交渉も然りで、団体交渉の申入れを受けた時点で問題点を把握し、ある程度落としどころを検討しておく必要があります。とりわけ企業内組合ではなく、本書のテーマである合同労組・ユニオンが団体交渉を申し入れてくるケースは、個別の駆け込み事案が多いと思われますので、金銭的な解決に落ち着くことがほとんどです。

金銭解決の場合には、ファジーな解決になることもありますが、第２章で述べたような実体法の知識を前提に、当該事案を当てはめたうえで、使用者としての見解を示すべきです。

経営者の中には、「労働組合にたかられている。解決金の額なんて相場があってないようなもんだ」と思われる方もいますが、そうであればより一層、当該事案を労働法規に当てはめて、裁判所であればどのような判断をするか、ということを一度検討された方がいいと思います。言葉は悪いですが、労働組合をたかりの集団と考えている経営者は労働法規を無視した会社経営をしていることが多いように思います。

労働組合のいうことが全て正しいとはいいませんが（労使の対立構造にある以上、お互いに言い分はあるのは当然でしょう）、団体交渉を申し入れられたという事実が目の前にある以上、いかにこれを解決するかということについて考えること自体、決して労働組合に屈したとか、負けたなどという話ではありませんし、そのような感情を抱く必要はないと思います。

Ⅱ 団体交渉でのやりとり

1　団体交渉の全体的な流れ

第１回目の団体交渉は、一般的には、出席者の自己紹介、労働組合から議題に関する要求事項の説明、これに対する使用者の回答、資料提示、これに対する労働組合からの再反論という順番で行われます。

また、第１回団体交渉は、時間的な問題で準備が不十分であったり、そもそも労働組合の要求事項が明らかではないこともありますので（前述のとおり、団体交渉前に労働組合の要求事項、議題を明らかにすることは、効率性の観点から重要です）、労働組合の要求を十分に聞き、第２回団体交渉につなげるためのステップととらえてもよい場合もあります。

特に、第１回目の団体交渉は、どのような雰囲気になるのか使用者側も労働組合側も手探り状態の場合が多いので、団体交渉を円滑に進めるためにも、まずは、使用者側において特段の反論をすることなく、労働組合側の要求をじっくり聞くということも１つの手です。

そして、第１回団体交渉を通じて、団体交渉で労働組合が何を求めているのか、どのような資料の提示を求めているのかも明らかになりますので、第２回目には、もう少し具体的に踏み込んだ話を行うことになります。このような団体交渉を行うことで、争点が明確になり、労働組合がその紛争を解決するために何を求めているのか、その求めている事項を使用者側が受けることができるのかが、明らかになってきます。そして、労働組合側と使用者側による協議を通じて争点の洗い出しを行い、妥協点を探ることができないのか模索することになります。

団体交渉を通じて、労働組合、使用者の双方において、合意できる妥協点を見つけることができれば、両者において合意書などを取り交わします。また、残念ながら両者において妥協点を見つけることができず、これ以上の進展が見込めない場合には団体交渉を打ち切るなどします（すでに述べましたとおり、使用者に譲歩する義務はないので、団体交渉が不調に終わることは十分あります。ただ、その場合も、その後、労働者側から訴訟提起された場合の争点を、使用者側はあらかじめ把握することができますので、団体交渉自体が無駄となったわけではありません）。もっとも、先ほども述べたように使用者側から積極的に団体交渉を打ち切るのは不当労働行為といわれかねないので避けるべきかと思われます。

次に、団体交渉を行う上で、誠実交渉義務を尽くすために常に意識しておくべきことは、当たり前のことですが、①労働組合がどのような要求を行っているか、②これに対する使用者の見解はどのようなものか、③会社の見解を基礎づける根拠、資料はどのようなものか、④使用者の見解、これを基礎づける根拠、資料等について、労働組合は納得したか、していないとすればそれは何かです。なぜなら、この点を留意して団体交渉を進めないと議論がかみ合わないからです。

労働組合の要求は何か。

↓

労働組合の要求に応じることはできるか。

労働組合の要求に応じることができないのであれば、
その理由は何か。

その理由を基礎づける資料はあるか。

使用者側の回答の基礎となる理由、
資料に労働組合は納得したか。

納得していないとすれば、どの点に納得していないのか。

また、根拠資料は何であるのかということもしばしば問題となります。労働組合は、基本的に使用者の主張について根拠資料を求めます。ところが、使用者がこの根拠資料を示すことができない場合があります。その理由としては、①資料自体がもともと存在しない、②資料を破棄してしまった、③資料があるが種々の理由から開示したくないというものが考えられます。

資料を開示できない理由が前記①、②の場合は、基本的にはその旨を端的に伝えるべきであると思います。存在しない（破棄した場合も一緒です）以上、その資料の存否について不明確な回答を継続することは時間の無駄です。問題は、③の場合です。これは開示したくない理由によります。たとえば、使用者側の機密事項に触れる場合は、その旨を明確に労働組合に説明し、開示を拒否することになります。しかし、その理由が使用者側に不利であるからというような場合、その後、訴訟になった場合、最終的には裁判所により使用者側に不利な認定をされることも十分にありますので、専門家と開示しないことのリスク（個々の事案によってリスクの軽重は異なります。開示しなくても、訴訟において大きなリスクがない場合もあります）を検討し、個別に対応するしかないと思われます。

以上の説明は、団体交渉が基本的にスムーズに進む場合を想定しています。団体交渉は、最初はスムーズに進んでも、使用者側の対応の仕方次第で、険悪な雰囲気にもなりまし、その逆もある生き物のようなものです。ですので、その時々の状況を踏まえながら、専門家の意見を聞き、進めていくことが重要です。

次に、いわゆる荒れる団体交渉について説明します。このような場合における対応方法についてですが、これは若干テクニカルな事項になります。しかし、使用者は誠実に団体交渉に応じる義務、誠実交渉義務を負っているのであり、テクニックや小手先だけで団体交渉を乗り切れるとは考えないでください。

COLUMN

団体交渉に遅刻してくる組合員もいる

労働組合組合員の中には、“数合わせ”で団体交渉に参加していると思うような人も見かけます。

団体交渉の出席人数を会社側が上限５名と要望した場合、必ず５名出席します。

前記のような場合、４人目、５人目は数合わせで、他の労働組合から応援に来ているような感じが強く、30分ほど遅刻してくる人もいます。

それだけでも、“団体交渉軽視”だと思いますが、あいさつして、名刺交換しようとすると、「営業じゃないんだから、名刺なんかもってねえよ！」と、いう人もいます。（中村）

2　組合員が多数押しかけてきた場合

現在では大分少なくなったと思いますが、労働組合側が団体交渉の場に多数の組合員を動員することがあります。しかし、団体交渉は、つるし上げの場ではありません。あくまで、労働者を代表する労働組合との交渉の場です。そして、あまりに多数の組合員の出席は交渉を混乱させる原因にもなります。そこで、多数の組合員が団体交渉に押しかけてきた場合には、団体交渉を拒否することも許されると思われます（団体交渉の場所的な関係から押しかけて来た組合員全員が入らないこともありますので、このような団体交渉自体を拒否＝延期するという対応は問題ないと思われます）。

もっとも、すでに述べましたとおり、団体交渉当日に労働組合とこのような無用なやりとりを予防する観点からも、団体交渉申入書に対する回答書の段階で（団体交渉前に労働組合との間で、意思疎通を図ることは、スムーズな団体交渉のためにも、また使用者側で労働組合側の意図を把握する上にも重要であることはすでに述べました）、出席者の数を一定数に制限するようあらかじめ提案しておくべきです。

COLUMN

声が大きいと・・・？

日頃から、労務管理という仕事の性質上、ひそひそ話が多いため、「声が小さい」とたまにいわれます。会社事務所での打ち合わせ時に、解雇や会社勧奨退職の話を大きな声でするわけにはいかないので、仕方がないことだと思っています。

その点、学生運動出身と思われる労働組合の方々は、非常に声が大きいです。これは地声なのか、作戦なのか、そんなに大きな声を出さなくても、と思うこともあります。

もっとも、声が大きければいいことばかりがあるわけではなく、大きな声で主張したことが、ちょっとおかしなことだと感じられ、「〜ということはおかしいのではないですか？」と問い質されると、“シマッタ”という顔をする人もいます。（中村）

3　野次や怒号が飛び交う場合

労働組合が要求実現に熱心なあまり、使用者を非難することが間々あります。しかし、相手方を非難することと野次や怒号をあびせることは全く別個の問題です。

野次や怒号の中で冷静な話合いができるわけもありません。労働組合の中には、意図的に団体交渉を荒れさせることもありますが、カッとなっては元も子もありません。団体交渉は、大の大人が、ましてや労働者を代表する立場の者と使用者との誠実な交渉の場ですから、野次や怒号があっても、そのような行為は団体交渉をいたずらに混乱させ、紛争の解決を長引かせるだけであることを十分に説明し、以後慎むように警告するという大人の対応をすべきです。

特に、使用者側で労働組合側の安易な挑発に乗り、不用意な発言をしたことが不当労働行為（支配介入）を構成する可能性もあります。

団体交渉の場を野次・怒号の場にしないための方策は、団体交渉を録音するという提案を労働組合にあらかじめ行うことです。労働組合側も録音をされている状況では、野次などを言い過ぎると、逆に労働委員会の審理等において不利な事情として斟酌される可能性もあると分かっていますので、録音をするという提案は、抑止力になることがあります。

COLUMN

労働組合側の「大声」「ヤジ」「怒号」について

たしかに労働組合側が大声やヤジを発することはあるでしょう。それには２種類あると思います。

１つは威嚇目的です。これははじめから大声やヤジを出そうとしているのであり、交渉や話合いの内容とは無関係です。当然にもこんな輩には抗議し、それでもやまなければ「こんな状態では話合いにならない」と毅然と打ち切るべきです。ただし、こんな連中はチンピラのレベルであり恐れるに足りません。本当に悪質な場合、言葉は丁寧で巧みなものです。

もう１つは、相談者を守る使命感から来るもので「劣勢に回ってはいけない」「なめられてはいけない」というという身構えから来るものです。これなら誠実で対等な話合いの中で解消されます。

「大声」「ヤジ」「怒号」という表層的なことに目をとらわれず、団交が会社で行われるならお茶でも出して「しっかり話を聞くから冷静に説明してほしい」との余裕を見せるべきです。　（本多）

4　謝罪を求められた場合

団体交渉のやりとりの中で、労働組合が、使用者側に不用意な発言があったとして、謝罪を行わない限り次の議題に進めないなどと謝罪を行うことに固執することがあります（意図的に使用者側の言葉尻を捉え、謝罪を求める場合もあります）。労働組合から求められる謝罪の内容にもよりますが、安易に謝罪をすると、その謝罪を行ったこと自体をもって、使用者側が不当労働行為を行ったことを認めたなどといわれかねません。

当然、内容にもよりますが、労働組合の方で使用者側の発言の内容を誤解していることも多いので、どのような趣旨で行った発言かを丁寧に説明すれば足り、謝罪する必要はないと思われます。

謝罪しないと議題を進めないという発想あるいは交渉スタイルは、労使紛争の解決を目指す姿勢とは到底思えません。その旨、労働組合に説明し、議論が可能であれば、交渉を進めればよいでしょう。

COLUMN

労働者の主張を鵜呑みにしたら・・・？

会社経営者は“悪”で、労働者は“善”だと頭から信じ込んでいる労働組合もあるようです。

確かに、労働関係法令を順守しない、労働者を使い捨てに考える会社経営者もいますが、その一方、労働者で、仕事をせず、義務・責任を果たさず、嘘をつき、権利ばかりを自分の都合のいいように主張する人もいます。

労働組合としては、会社側との団体交渉前に当然、労働者から相談があり、労働組合に加入してもらい、具体的な問題点・要望点を会社側に申し入れるわけですが、労働者からの相談を受けている段階で、「これは本当だろうか？　嘘はないだろうか？」といった視点で検証することは必須だと思います。

労働者からの話を鵜呑みにして、「これはひどい会社だ！」と会社に乗り込んで、団体交渉してみたら、ごく真っ当な会社であり、労働者本人に色々と問題点があることがわかることがあります。

（中村）

5　机を叩く、暴力をふるうような場合

労働組合側が交渉に熱心になる余り、机を叩くことがあります。しかし、交渉を行う上で机を叩く必要は皆無であり、その趣旨は相手方に対する威嚇以外のなにものでもありません。以後慎むよう強く警告すべきです。労働組合は、よく「使用者側が不誠実なので、興奮して叩いてしまった」などと弁解することもありますが、使用者の誠実交渉義務が尽くされているか否かは、労働委員会等において最終的に判定すべき事柄ですし、労働組合のその場の勝手な判断で、机を叩かれながらの交渉を使用者側に受忍せよという理由にはなりません。

また、暴行・強迫、あるいは監禁などといった社会的相当性を超えるような対応で行われることは許されません。このような場合には、使用者は交渉を途中で打ち切っても誠実交渉義務違反とはなりません。

もっとも、団体交渉を打ち切った場合でも、後々、不誠実な団体交渉であるといわれる可能性がありますので、相手方の具体的な行為を特定した上で、警告書**【別紙7】**を発するなどして証拠化しておくべきです。また、暴力行為等があった場合には、労働組合が以後そのような行為をしない旨確約しない以上、団体交渉を拒否する「正当な理由」となるでしょう。

【別紙７】

警　告　書

令和○年○月○日

○○労働組合
委員長　○○　殿

株式会社○○
代表取締役　○○

令和○年○月○日に行われた貴組合との団体交渉が終了した後、弊社人事部長○○及び○○が会場を退室しようとした際、貴組合員○名が、○○及び○○を取り囲み、○○の襟元をつかみ、「ふざけるな」などと大声で叫びながら、○○の体を前後に揺さぶり、引き倒すという暴行を加えました。

このような行為は、刑法上の暴行罪に該当するとともに、労使間の円滑な協議の妨げとなりますので、以後謹まれるよう厳に申し入れます。

また、今後もこのような行為が継続されるのであれば、弊社は貴組合との団体交渉を打ち切らざるを得ませんので、その旨ご承知置き下さい。

6　団体交渉が荒れたときの効果的な対策

団体交渉が荒れた場合、使用者は団体交渉を打ち切ることができます。その理由は、当該団体交渉において十分な協議ができない状況にある交渉を続けても全く無意味だからです。

もっとも、労働組合の方は、団体交渉が荒れたとは思っていない場合もあり、後々、団体交渉の打ち切りについて不誠実交渉であると非難される可能性もあります。

そこで、使用者は、「正常な交渉を行える状況にないこと。もっとも、団体交渉に応じないというのではなく、第三者も交えて協議したい、あるいは団体交渉の手続的なルールについて第三者を交えて確立させたい。ついては都道府県労働委員会にあっせんの手続を申請する」と述べて、団体交渉を打ち切るとよいです。

また、後々の紛争を防止する観点から、前記を記載した書面を労働組合に送付すべきです（書面化という方法も重要ですが、録音を取ることで団体交渉が荒れたものであったことを証明することもできます。そのため、録音は、このような場合の証拠化の観点からも、労働組合に対する抑止力の観点からも効果的な方法の１つであるといえるでしょう）。

なお、都道府県労働委員会のあっせん手続は、都道府県に設置された労働委員会という組織が、労働組合と使用者との団体交渉に関するルール、場合によっては事実上和解のあっせんをしてくれる非常に便利な手段です。団体交渉が荒れる場合には、あっせん手続の利用を検討してみてください。

7　支配介入に該当するような発言を行わない

団体交渉拒否、不利益取扱いと並ぶ不当労働行為の類型として、支配介入というものがあります。

支配介入とは、わかりやすくいえば、使用者による労働組合の組織運営に対する干渉であり、労働組合を弱体化するものです。典型的な例としては、労働組合の中心人物を軒並み解雇し、労働組合の活動を阻害するというのが典型ですが、使用者の言動が支配介入を構成する場合があります。たとえば、団体交渉に参加している従業員に対して労働組合から脱退するよう求めることは支配介入に該当しますし、労働組合の活動を非難することも支配介入に該当する可能性もあります。また、「こんなこと（団体交渉への出席）をしている奴は、クビだ」というのは明らかな支配介入です。

よって、団体交渉の席上での安易な労働組合批判は行わない方がよいです。

このような発言をすることは、労働組合に使用者側に対する攻撃の材料を与えることになりますので、十分に注意する必要があります。どのような発言が支配介入に該当するかということは、使用者の表現の自由とも関連して、非常に難しい問題です。

たとえば、労働組合がストライキを実施すると宣言したことに対して、「ストライキをしたら事業に支障が生じるし、ストライキなどしてもらっては困る」という発言は、一方では、会社の現状を端的に伝えるもののように思えますし、他方で、労働組合の正当な権利の１つであるストライキ権の行使を制限するもののようにもみえます。

事案ごとに検討せざるを得ませんが、発言の目的、必要性、内容、態様、時期、発言の与える影響などを総合的に考慮して判断すべきです。この点については、専門家と十分に協議する必要があります。

8　事務折衝の有用性－信頼関係を構築せよ－

団体交渉の場は、使用者にとっては辛いことも多いです。だからといって、労働組合と距離を置くというのも得策ではありません。むしろ、団体交渉の場に限らず、労働組合、特に団体交渉の担当者とは密接に連絡を取り合うことが有益です。

たとえば、会社に対して非常に強い不満を持っていた元従業員が労働組合に加入し、労働組合を通じた団体交渉において法外な請求をした場合、使用者がいくら説明をして、その根拠を示しても労働者本人は納得しないでしょう。そのような場合には、労働組合の担当者の方から労働者本人を説得してもらうということもあります。労働組合の担当者が落としどころを探ってくれるのです。

また、解雇の撤回を議題とする団体交渉の場に、解雇された労働者本人が出席している場合、本人を目の前にして、「○○の点について能力不足であり、弊社の社員として不適格と判断した」とか「○○という問題を起こした」というのは心理的にも辛いことですし、労働者本人も不愉快で、かえって感情的になりがちです。

だからといって、「労働者本人は席を外してくれ」と面と向かっていうこともできません。

そのような場合には、労働組合の担当者に電話をして、「団体交渉という場ではなく、事務折衝という形で交渉したい」と申し入れてみるのもよいかもしれません。

労働者本人との感情的な対立が激しい場合には、あまり建設的な議論も期待できませんので、労働組合の担当者と事前に相談し、労働組合の方から本人を説得してもらうということが有益な場合があります。

もっとも、注意していただきたいのは事務折衝を行ったからといって、団体交渉を行わなくてもよいというわけではありませんし、そもそも労働組合の担当者との間で信頼関係が築けていない場合には、到底このような手法はとり得ません。

そういう意味でも、労働組合から団体交渉の申入れがあった場合には、法的に意味のない理由を並び立てて団体交渉を拒否するのではなく、誠実にこれに応じ、労働組合との信頼関係を構築することが重要なのです。

9　労使慣行？

労使慣行とは、職場や労使間において、長期間、反復継続された取り扱いをいいますが、時として使用者の労使慣行に反する行為が不当労働行為として評価されることがあるのです。

たとえば、「前回、前々回と、団体交渉は労働組合の事務所で行っていたのに、次回から貸会議室で行うとはどういうことだ。次回期日の設定の仕方は、労使慣行に反するもので不当労働行為だ」あるいは「前回、前々回は、組合員20名の参加を認めていたのに、次回から人数を制限するとはどういうことか。不当労働行為だ」などというものです。

このような主張は、多少強引な印象を受けますが、実際にこのような例もありますので、使用者にとって好ましくない状態が続くことは避けるべきでしょう。

Ⅲ 議事録の作成

団体交渉で協議された事項については、すでに述べたとおり団体交渉ごとに議事録**【別紙8】**を作成しておくべきです。

議事録を作成する目的は、その団体交渉で何が協議されたのか、次の団体交渉までに何を準備しておく必要があるかという備忘録としての役割もあります。

しかし、それ以上に、後に誠実交渉義務を尽くしたか否かが争われた場合に備えるという意味もあります。

もちろん、労働委員会等に争いが持ち込まれた場合、団体交渉でのやりとりを録音した記録媒体およびその反訳文が提出されることが多いですが、録音媒体およびその反訳文を提出する場合でも、議事録は証拠として提出すべきです。

労働委員会等に録音媒体および反訳文が証拠として提出された場合、当然、すべての録音を聞き、反訳文にも目を通していますし、これらは団体交渉の場を再現するもので証拠力は一番あるでしょう。

しかし、実際に録音したものをお聞きになれば分かるのですが、録音だけを聞いても、話が横道に逸れて何を話しているのかよく分からないことが多いですし、複数人が一度に声を出しているため何をいっているのか聞き取れないこともあります。また、「それはそうでしょう」、「そうは思えない」などと指示語も多く、何を指して話をしているのか分からなくなります。そして、何より1時間ないし2時間ほどの会話を聞き続けるのは苦痛ですし、その反訳文を読むのも大変です。

これに対して、議事録は、要点を記載するものであり、どのようなやりとりがあったのか一目瞭然ですし、第１回目の議事録から時系列に並べることにより、労働組合と使用者との協議の内容、キャッチボールの状況が一目瞭然となります。

このように、団体交渉で協議された内容、経過を簡潔に判断権者である労働委員会等に示すためには、議事録が一番適しているのです。分量も多ければよいというものでもありません。むしろ、前述した議事録の趣旨に照らせば、どのような会話がなされたのか簡潔にその要旨を記載すべきと思います。

なお、労働組合が作成した議事録に押印するよう求められることがありますが、議事録は各当事者が自らの判断と責任のもと作成すればよいので、このような要請に応じる必要はありません。

むしろ、労働組合と使用者が連名で書面を作成した場合、労働協約としての効力が生ずる可能性もあり、また、そのような主張を労働組合からされる可能性もありますので、議事録については、あくまで各自の責任で作成する方がよいと思います。

また、最終的に合意に至った場合は、合意書等を作成しますが、その場合でも議事録は作成した方がよいでしょう**【別紙９】**。

【別紙8】(1)

団体交渉議事録（第1回）

令和○年○月○日
作成者　××××

1　日時
令和○年○月○日　午後○時から午後○時

2　場所
○○○○○

3　出席者
(1)　労働者側
A（労働組合事務局長）
B（労働組合幹事）
(2)　使用者側
××××、○○○○

4　団体交渉事項
○年○月○日付団体交渉開催要求書に記載の事項

5　団体交渉の要旨
(1)　Xの未払賃金額について
組 合 側：令和○年○月から○月までの「月別未払賃金一覧表」とXの給与明細を示す。一覧表によると、未払賃金はおおむね180万円である。
タイムカードはなかった。それゆえ、ここでいう労働時間も本人の申告によるものである。
使用者側：給与明細、賃金台帳については確認する。
タイムカードがないため、「働いた」「働いていない」という水掛け論になることも予想される。
組 合 側：その点については、承知している。
使用者側：実労働時間について、関係者に確認する。

【別紙８】（2）

未払賃金の算定に当たっての算定基礎額は、何を基準にしているのか。算定基礎額によっては、未払残業代も大きく変わってくるように思えるが。

組 合 側：基本的には、総支給額を基準にしている。

使用者側：算定基礎額については、法律上の論点があると思われるし、実労働時間については確認する必要があるので、次回までに残業の有無も含めこちらの見解を伝える。

なお、こちらの基本的なスタンスとしては、和解による解決がよいと思っている、立証の点、早期解決のメリット等を考慮してほしい。

(2) Ｙの未払賃金額について

（編注：略）

(3) その他

使用者側：組合の要求は、未払賃金に関するものに尽きるのか、他にも何かあるのか。

組 合 側：基本的には未払賃金の問題に尽きる。時間外労働については、タイムカード等で詳細に管理しておらず、長時間労働をして当たり前という風潮もあり、労務管理に非常に問題点が多いと感じている。

使用者側：改善すべき点があるのであれば、改善するよう努める。

6　次回の団体交渉について

(1) 日時

令和○年○月○日　午後○時

(2) 場所

○○○○○

(3) 議題

第１回団体交渉と同じ。

(4) 当方の準備事項

時間外労働の有無ないし程度、その場合の未払賃金に関する当方の見解の提示。

以上

【別紙9】

団体交渉議事録（第○回）

令和○年○月○日
作成者　××××

1　日時
令和○年○月○日　午後○時から同○時○分

2　場所
○○○○○

3　出席者
(1)　労働者側
A（労働組合事務局長）
B（労働組合幹事）
X（組合員）
(2)　使用者側
××××、○○○○

4　団体交渉事項
○年○月○日付団体交渉開催要求書に記載の事項

5　団体交渉の要旨
別紙合意書のとおり、組合及び組合員との間で、合意が成立し、本件労使紛争は解決した。

以上

COLUMN

会社も大変だけど、労働者も大変？

企業内ではない外部のユニオンと団体交渉することは、経験のあまりない会社担当者からしますと、かなり労力を要する、プレッシャーのかかる仕事になります。

同時に、労働者にとりましても、労働組合に加入し、労働組合としての活動とはいえ、（現・元）上司・同僚・総務担当者と交渉するわけですから、かなり労力を要することになります。

団体交渉を申し入れて、話がまとまるまでには、通常、5～6回は団体交渉を行うことになりますが、労働者の中には、1回目は精悍な顔つきだった人が、最後は明らかに具合が悪そうになったり、やせたりする人もいます。

交渉ごとに慣れていない人なのだなあ、他の解決方法はなかったのかと、ふと思います。

（中村）

Ⅳ　提案書送付の励行

１回の団体交渉で労使紛争が解決することは極めて希です。多くは、第１回団体交渉で検討事項とされたものを持ち帰り、次の団体交渉で再度協議します。

このような場合、団体交渉を実りあるものにするためには、持ち帰り検討事項とされたものの回答は団体交渉の前にあらかじめ労働組合に提案書**【別紙10】**という形で提示しておくことが有益と思われます。あらかじめ当方の見解を示し、労働組合において検討させるのです。「労働組合に反論の準備をされるので困る」という使用者もいるかもしれませんが、反論されて困ると思うような内容であれば、およそ労働組合を説得することはできないでしょう。遅かれ早かれ労働組合に（書面か口頭かは別として）提示するものですので、早目に示した方がよいと思います。

また、提案書の送付は団体交渉を円滑に進めるだけではなく、後々、不当労働行為救済申立てがなされた場合、使用者において誠実に団体交渉に応じてきたことを証する１つの証拠となり得るからです。

また、書面を書くということは、それだけ頭の中を整理しなければできませんので、労働組合との間の団体交渉についての事案、争点を緻密に整理するよい機会となります。

【別紙 10】（1）

提案書

令和○年○月○日

△△労働組合
事務局長　A殿

㈱○○○○
代表取締役　□□□□
担当者　◎◎◎◎

貴組合との団体交渉について、以下のとおり和解案を提示いたします。

（前提）

本提案書は、本件紛争の早期解決を目指すため、当方において相当の譲歩を行ったうえで提示するものです。

したがって、貴組合員らの実労働時間について、本団体交渉において和解が成立せずに、法的手続等に移行した場合には、さらに精査のうえ、異なる主張を行う可能性を留保いたします。

また、本提案は、同じく本件紛争の早期解決の観点から、貴組合に対して和解金をご提示するところに主眼があり、計算の過程に誤りがあったとしても、本提案書による提案は、引き続き「第３　提案金額」に記載の金額であることをご理解ください。

以上に加え、本交渉にて和解解決しない場合、恐れ入りますが、本提案書による譲歩、提案はすべて撤回いたしますので、ご了解ください。

第１　組合員Xの残業代について

１　労基法 37 条 4 項の「割増賃金の基礎となる賃金」について

(1)　当社備え付けの賃金台帳によれば、Xに支払われる給与は、①基本給、②業務手当、③残業手当及び④通勤手当で構成されております。

上記のうち、④通勤手当については、労基法 37 条 4 項により「割増賃金の計算の基礎となる賃金」から除外されています。

また、③毎月定額払いされている残業手当についても、割増賃金額に当たることが明示されているといえますので、「割増賃金の基礎となる賃金」から除外されるべきと考えます。以上を前提にXについての「割増賃金の

【別紙 10】（2）

基礎となる賃金」については、後記 (2) のとおりと考えます。

(2) Xの月別の「割増賃金の基礎となる賃金」

1時間あたり 902 円（別紙1）

なお、Xの入社、退社時の月は考慮せず、Xに有利な 902 円を提案します。

2 1日の実労働時間

(1) 正社員の所定労働時間に関する基本的考え方

正社員の所定労働時間（シフト）については、次のように認識しております。

早番 9：00 ～18：00（うち休憩1時間）の8時間

遅番 18：00 ～26：00（うち休憩1時間）の7時間

(2) 貴組合の主張

貴組合は、Xの実労働時間について、おおむね次のように主張されております。

早番 8：30 ～20：00（ないし 22：00）

遅番 15：00 ～27：30

(3) 当方の見解

ア 上記 (1) のとおり、当方は、正社員については、おおむね 18：00 を基準として、早番・遅番の2勤務体制としておりました。

イ 早番の始業時刻については、開店準備等の必要性から、貴組合の主張するように、8：30 に出勤する場合もあったとのことです。

ウ 他方、早番の終業時刻については、18：00 の後も遅番担当者への引継ぎなどで1時間程度超過することもあったとのことです。

エ 遅番の終業時刻については、25：30 の閉店後に後片付けを行っていましたが、会社としては、26：30 を目途に退社するよう指導していたとのことです。

オ もっとも、すべての日において、上記イないしエのとおり、所定労働時間を超える労働があったことを認めるものではありません。

カ このたびの提案では、休憩時間はなかったものとしております。

(4) Xの1日の労働時間に関する今回のご提案

上記 (3) のアないしオを踏まえ、本提案を行うにあたり、Xの1日の実労働時間については、次のように提案いたします。

【別紙 10】（3）

なお、早番・遅番のシフトについては、貴組合の提案を前提とします。

ア　早番　8：30 ～ 18：30 の 10 時間分
　　法定労働時間を超過する 2 時間につき＋ 25%

イ　遅番　17：30 ～ 26：30 の 9 時間分
　　法定労働時間を超過する 1 時間につき＋ 25%
　　深夜労働部分 4 時間 30 分につき＋ 25%

3　Xの出勤日について

出勤簿にある出勤日を前提とした場合、法の求める 1 週 1 日休の原則を履行するためには、次の日時については、休日出勤扱いとすべきであると考えます。

令和○年 ○月　○日、○日
　　同年 ○月　○日、○日、○日
　　同年 ○月　○日
　　同年 ○月　○日、○日、○日

なお、シフトについては、貴組合の提示したものを前提とします。

4　割増賃金額

以上を前提として、Xに係る時間外労働に対する未払賃金は、別紙 2 及び別紙 3 のとおりと考えますが、その概要は次のとおりです。

(1)　時間外労働（休日出勤を除く）、深夜労働に対する対価（別紙 4）
　　・・・・円

(2)　休日労働、深夜労働に対する対価（別紙 4）
　　・・・・円

(3)　合計
　　・・・・円

5　割増賃金見込額（定額払いされた残業手当）について

(1)　定額払いされた残業手当に関する当方の見解

定額払いされている割増賃金見込額については、「法に従って算出した割増賃金額（以下「法所定額」）以上の定額手当が支払われていれば問題ないが、法所定額を下回る定額手当の場合には、不足額を追加的に支払わないと労基法違反となる。」とあるように、すでに支払われている割増賃金見込額は、上記 4 で求めた金額から控除されるべきものと考えます。

【別紙 10】（4）

(2) 既払いの割増賃金見込額　　・・・・円

6　未払いの割増賃金額
　・・・・円

第2　組合員Yの残業代について
（編注：以下略）

第3　提案金額
団体交渉は、労使間の労働条件等に関する問題につき、労使間が自主的に解決する場であり、訴訟等による時間外労働の立証の難易、要する時間ないし費用を考えた場合、貴組合はもちろん、当事者である組合員においても、早期解決のメリットは大きいものと考えております。
それゆえ、X、Yに係る労使紛争を解決すべく、本件の解決金として金○万円を貴組合に支払うことで本件を妥結したいと考えております。

以上

（編注：別紙は略しました）

V 合意の成立

合意が成立した場合、労働組合と使用者との間で、合意書が作成され、双方が記名押印または署名します**【別紙11】**。後に紛争を蒸し返されないためにも作成すべきです。

労働組合と使用者との間の書面による合意は労働協約と呼ばれ、就業規則や個別の労働契約よりも強い効力を有し、使用者と労働組合の組合員との関係を直接規律します。

また、近年多い、未払賃金や解雇無効など、個別労使紛争的な性格を有する団体交渉の合意書には、後々の紛争を避けるために、当該労働者にも記名押印または署名してもらうのがよいでしょう。後日、合意内容について労働者自身が知らないというような主張（ほぼ認められませんが）がなされた場合の二度手間を防ぐ趣旨です。

なお、労働組合と使用者との間で、労使紛争につき合意に至ったにも関わらず、使用者において書面（名称は問わない）の作成を拒否した場合には不当労働行為を構成すると考えられていますので、注意が必要です。

【別紙 11】退職した従業員が組合に加入し、未払賃金の支払いを求めた事案

合意書

○○株式会社（以下「会社」という。）と、組合員X、組合員Y及び△△労働組合（以下「組合」という。）は、下記のとおり合意した。

記

1　組合は、会社に対し、組合員らを適法に代表する労働組合であり、組合員らを代表して有効に本合意書を締結する権限を有することを表明し、これを保証する。
2　会社は、組合に対し、本件解決金として、金○万円の支払義務があることを認める。
3　会社は、前項に定める金員を令和○年○月○日限り、組合の指定する下記口座に振り込む方法により支払う。振込手数料は、会社の負担とする。

記

金融機関名：○○銀行○○支店
預金の種類：普通
口座番号：○○○○○○
口座名義：○○○○○○

4　組合及び組合員らは、会社に対するその余の請求を放棄し、以後、上記当事者間の労使紛争について、裁判所、労働委員会、その他の行政機関等に対する申立て等を一切行わない。
5　会社は、今後、組合員らにとって不利益となる情報を開示せず、第三者から組合員らの退職理由を問われた場合には、合意退職したことのみを告げることとし、再就職に関する妨害行為を行わない。
6　会社は、労使紛争の防止に当たり、労働法規を遵守し、従業員の労働時間及び時間外労働の適正な管理を行うことを約束する。
7　組合員ら及び組合と会社との間には、本合意書に定めるもののほか、何らの債権債務が存しないことを相互に確認する。

上記のとおり、合意が成立したので、本合意書を4通作成し、組合、X、Y及び会社において、各1通を保有する。

令和○年○月○日

○○株式会社　　　　△△労働組合
　　　　　　　　　　　組合員　X
　　　　　　　　　　　同　　　Y

Ⅵ 団体交渉の打ち切り

前述したように、誠実交渉義務は、譲歩して合意する義務ではありません。労働組合の主張を受け入れられない場合、使用者がその論拠を示し、十分に議論した結果、最終的に合意に達しない場合には、交渉を打ち切っても誠実交渉義務に反することにはなりません。

しかし、労働組合の方は、使用者の示した論拠が不十分であると考えるでしょう。それゆえ、使用者は、軽々に自らが示した論拠が十分であると判断して、団体交渉を打ち切ることはやめた方がよいでしょう。

ではどうするのか、これは我慢比べみたいなところがありますが、労働組合側から「これ以上交渉しても、意味がないですね」という発言を引き出すまで粘り強く団体交渉を重ねることになります。

また交渉を打ち切る前に、労働委員会に対してあっせん手続の申請を行うのもよいと思います。第三者である労働委員会のあっせん手続においても妥結できなかったことについて、「当事者間でもっと交渉しなさい。打ち切りは許しません」ということは、矛盾をはらんでいますし、後に不当労働行為の救済申立てがなされた場合にも、使用者側に有利な事情となります。

第 4 章

団体交渉外の組合活動への対応

不当労働行為リスクの認識

労働組合と団体交渉を行う場合、団体交渉にだけ注目すればよいというわけではありません。労働組合は、団体交渉以外の場でも活動を行います。その主たる目的は団体交渉を有利に進めるところにあります。

たとえば、使用者側が団体交渉を拒否した場合、あるいは不誠実な団体交渉を繰り返している場合に、労働組合が使用者の対応を非難するビラを配布し、会社の前で街宣活動を行い、さらには、ストライキにまで及ぶことがあります。

このような組合活動は、使用者にとっても頭の痛い問題です。使用者の対応を非難するビラを配布されれば、会社を訪れた得意先の方に、「この会社大丈夫か」という不安を与え取引関係に影響を与えるかもしれません。また、ストライキが実施されれば、会社の業務は停滞してしまいます。

それゆえ、使用者の中には、「労働組合と団体交渉をすること自体は問題ないが、街宣活動されたら困る」と不安に感じる方や、「名誉毀損で刑事告訴したり、損害賠償請求したりできないのか」と息巻く方もいます。

しかし、本書の冒頭で申し上げたように、労働組合の活動については、労働基本権の１つである団体行動権が保障されていることにより、（当然無制限ではありませんが）刑事免責、民事免責が認められ、さらに、正当な組合活動を理由として不利益な処分を課すことは、不当労働行為として禁止されています（労組法７条１号）。また、組合活動に干渉し、過度に萎縮されるものについては、支配介入（同条３号）となる可能性もあります。

このように、労働組合の活動には、手厚い保護がなされていますので、使用者において組合活動に対して、何らかの処分を行う場合には、不利益取扱い、支配介入という不当労働行為を構成しないよう注意する必要があります。

以下では、不利益取扱い、支配介入について説明を行った上で、労働組合または労働者による組合活動に対して、どのように対応すればよいのか、説明します。

Ⅱ 不利益取扱い（労組法7条1号）

1　不利益取扱いとは

不利益取扱いとは、「労働者が労働組合の組合員であること、労働組合に加入し、若しくはこれを結成しようとしたこと若しくは労働組合の正当な行為をしたことの故をもって、その労働者を解雇し、その他これに対して不利益な取り扱いをすること」（労組法7条1号本文）をいい、労組法はこれを禁止しています。

この条文から直ちにいえることは、問題となっている労働者が「労働組合の組合員であるから」、「労働組合に加入したから」、「労働組合を結成しようとしたから」ということを理由に、労働者を処分することはできないということです。

また、「不利益な取り扱い」とは、例示されている解雇のほか、配転命令や降格、懲戒処分などに限らず、仕事をやらせない、本来業務と異なる仕事をやらせるなどという事実上の行為も含まれます。

この不利益取扱いについて、よく争点となるのは、次の2つです。

1つ目は、労働者の行った行為が、労働組合の「正当な行為」といえるのかという問題です。労組法7条1号本文も「正当な行為」を理由に不利益な取扱いをすることを禁止しているに過ぎず、「正当」とはいえない組合活動まで保護しているわけではありません。そこで、その行為が組合活動として正当性を備えているのかということが争われるのです。

２つ目は、どのような場合に、労働組合の組合員であることなどを理由として（法文上の「故をもって」）行ったか、ということができるかという問題で、不当労働行為意思の存否という形で争われます。

すなわち、「労働組合から、組合活動等を理由とする不利益取扱いだといわれているが、その処分（たとえば配転命令）には他の理由がある。決して、不当労働行為意思に基づいて行ったわけではない」という場合です。

2　不当労働行為意思の判定基準

たとえば、東京都内にある事業場で労働組合が結成され、執行委員長であるAの指示のもと、ビラ配り、街宣活動など、活発な組合活動が行われている最中、使用者がAに対して、北海道支店への配転を命じた場合、Aに対する配転命令は、Aによる労働組合活動を理由に（不当労働行為意思に基づいて）行ったものといえるでしょうか。

当然、使用者は、「Aを北海道支店に配転する業務上の理由がある。決して労働組合の執行委員長であるAが目障りだったからではない。不当労働行為意思に基づく処分ではない」と弁解するでしょう。

しかし、このような使用者の弁解は、直ちには採用されません。実際、使用者の内心は使用者が自白しない限り分かりませんので、間接事実を総合考慮することにより、使用者の内心（不当労働行為意思）を推定するという手法が採られます。その主な判断要素は次のとおりです。

①　不利益な処分を受けた者が、労働組合の組合員であることを使用者が知っているか否か

そもそも、使用者が、Aを労働組合の組合員として認識していない以上、「Aが労働組合の組合員であるから」、あるいは、「Aが組合活動を行ったから」処分したとはいえません。

しかし、労働組合の多くは、労働組合を結成した時点、団体交渉を申し入れる時点で、誰が組合員であるかを通知する（組合員の公然化）ことが多いですし、執行委員長などの労働組合を代表する立場にある者や幹部級の者については、団体交渉申入書等に役職とともに氏名が記載されていることが多いので、ほとんど問

題になりません。

②　使用者の反組合的態度

平素から使用者に反組合的態度が見られる場合、たとえば、使用者が団体交渉を強硬に拒否するという不当労働行為に及び、その最中に配転命令がなされたという場合には、今回の処分も、その一環として不当労働行為意思によってなされたものであると認定されやすいです。

③　処分を行った時期

労働組合による活動が活発化している時期になされた処分は、使用者が、労働組合による組合活動を煙たがっていた、すなわち不当労働行為意思に基づいて行ったものと認定されるリスクが高まります。また、処分の理由となる事項が、たとえば、1年以上も前の非違行為を理由とするものである場合等にも、今回の処分理由とは別個の非違行為の処分に名を借りた不利益取扱いであると認定される可能性があります。

④　処分の不均衡

同じ非違行為を行っても、組合員の方が非組合員よりも処分の内容が重い場合、過去の取扱いと比較し、バランスを欠いている場合等には、不当労働行為意思が推認される可能性が高まります。

⑤　処分理由の私法上の効力

不当労働行為の成否は、私法上、その処分が有効か否かという問題とは必ずしもリンクしません。しかし、少なくとも、その処分が私法上、有効であると判断しがたい場合には、不当労働行為意思が推認される傾向にあります。

たとえば、配転命令の有効要件の1つに、業務上の必要性が上げられますが、先ほどの例でいえば「Aを配転しなければならない業務上の必要性」が肯定しがたい場合には、業務上の理由ではなく、不当労働行為意思に基づき配転が行われたのだろうと推認されやすいといえます。

⑥　**組合活動の衰退、処分を受けた労働者の労働組合における地位**

処分を行った結果、組合活動が衰退するなどした場合、その処分は、不当労働行為意思が推認されやすいといえます。客観的には、使用者の思惑に沿った結果となっていることが多いためです。

また、幹部組合員に対する処分は、他の一般組合員に対する見せしめ的な要素もありますし、労働組合の求心力を削ぎ、結果的に労働組合の衰退に繋がりやすいので、不当労働行為意思が推認される傾向にあります。

先ほどの例でいえば、「Aさんが東京本社にいる間は、組合活動は活発だったのに、Aさんが転勤した後は、組合活動もなくなったよね」というような場合です。

以上述べたように、使用者が労働者の組合活動等とは全く無関係の理由で処分を行う場合でも、不当労働行為意思があると認定され、不当労働行為を構成する可能性がありますので、とりわけ労働組合の組合員に対する処分を行う場合には、その要否を含めて慎重に検討する必要があります。

COLUMN

組合員かそうでないかで不平等？

不利益取扱いに関する説明をお読みになった読者の中には、「労働組合に入っていれば何も処分できないのではないか。組合員を優遇するもので、組合員でない社員との関係で、かえって不平等な結果となるのではないか」と疑問を持たれた方もいると思います。

しかし、労組法は、労働者が使用者との交渉において対等の立場に立つことを促進し、そのために、労働者が自主的に労働組合を組織し、団結することを擁護すること等の助成を目的の１つとしています（労組法１条）。

そういう意味では、労組法は労働組合の結成、労働者の加入の促進を目指しており、「労働組合に入っていると、入っていない場合に比べて有利になる」ということは、労組法が望んでいるところなのかもしれません。

（荒瀬）

3　労働組合による活動の「正当性」の判断基準

前述したように、労組法７条１号本文も「労働組合の正当な行為」をしたことを理由とする不利益取扱いを禁じていますが、「正当な行為」と認められない行為に対して懲戒処分等の不利益な取扱いをすること自体を禁止するものではありません。

そうすると「何が正当な行為で何がそうでないのか」ということが問題となりますが、一般的には、①雇用契約上の義務違反を構成するもの、②使用者の施設管理権を侵害するもの、③業務の積極的な阻害行為、④経営者の私的自由や会社の名誉・信用を侵害するものについては、正当性は認められないと考えられています。

もっとも、「正当な行為」か否かは極めて抽象的な要件ですし、具体的な労使間の相関関係によって、個別具体的に判断されるものですので、安易に「正当な行為」ではないと判断して、不利益な処分は行うべきではありません。

後記「第４章・Ⅳ　団体交渉外の組合活動に対する対応－個別事案をもとに－」をご参照ください。

Ⅲ 支配介入（労組法７条３号）

1　支配介入とは

支配介入の意義は、労組法７条３号本文を読んだだけではよく分かりませんが、一般的には、労働組合を懐柔ないし弱体化し、または、労働組合の自主的運営・活動を妨害し、さらに、労働組合の自主的決定に干渉しようとする行為と評価できるものと解されています。

要するに、労働組合は、使用者と対等の立場に立つため、労働者によって自主的に組織される必要があり、その意思決定も使用者からの独立性が求められます。使用者に支配され、自主性も独立性もない団体はもはや使用者に対抗する力もなく、およそ労働組合とはいえないでしょう。

しかし、労働条件の改善を求める労働組合は、使用者にとっては厄介な存在であり、使用者が、労働組合の自主性・独立性を阻害する行為を繰り返してきたことは歴史の証明するところです。そこで、労組法は、労働組合の自主性・独立性を害する行為を支配介入として不当労働行為の一類型とし、これを禁止し労働組合を保護しているのです。

2　支配介入意思の要否

支配介入については、先ほど説明した不当労働行為と違って、「故をもって」という文言が付されていません。それゆえ、使用者の主観とは無関係に、すなわち、不当労働行為意思がなくても、客観的に労働組合の自主性・独立性を阻害する行為であれば支配介入が成立する可能性がありますし、そのように判断した裁判例もあります。この点は支配介入意思の要否という大きな論点でもあります。

しかし、このようなリスクがある以上、支配介入意思が成立要件か否かと机上の議論をしていても意味がありません。使用者としては、どのような場合に支配介入が成立するリスクがあるかを十分に把握しておく必要があるのです。

3　典型的な支配介入（労組法７条３号本文）

まず、労働組合の結成に関するものとしては、労働組合を結成することを非難したり、組合そのものを非難する使用者の言動、労働組合結成の中心人物に対する解雇・配転命令、御用組合や親睦団体を結成し、新たな労働組合の結成を阻害する行為などがあります。

また、労働組合の運営に関するものについては、組合活動に対する嫌がらせ、非難、中心人物に対する解雇・配転命令など、あるいは、労働組合からの脱退勧奨、御用組合の結成援助、別組合を優遇することによる差別などがあります。

既にお気づきになった方もいるかもしれませんが、支配介入の一部は、不利益取扱いと重複します。そして、前述したように、支配介入の成立には支配介入意思という主観的な要件が必ずしも要求されるわけではないため、結果的に、不利益取扱いに比して、その成立する範囲は広くなります。よって、不利益取扱いとまではいえないが、支配介入には該当するという例もあります。

さらに、正当な理由のない団体交渉の拒否も、それが悪質な場合には、労働組合の存在を否定するものであるとして、支配介入が成立する場合もあります。

4　経費援助など

経費援助とは、「労働組合の運営のための経費の支払につき経理上の援助を与えること」をいい、原則として支配介入の一形態として不当労働行為を構成します（労組法７条３号ただし書）。これは、本来使用者と利害が対立する労働組合が、使用者から経理上の援助を受けたら、自主性・独立性が損なわれがちであるため（お金を出されるとモノもいいづらくなります）、端的にいえば、労働組合が使用者に飼い慣らされる可能性があるため、これを防止するために設けられたものです。

なお、労組法７条３号ただし書は、労働時間中に賃金を失うことなく使用者と協議すること、労働組合の厚生資金・福利資金に対する使用者の寄付、最小限の広さの事務所の供与は例外として許容しています。いわゆる便宜供与と呼ばれるものです。

しかし、使用者の行った経費援助が労組法７条３号ただし書により許容されるか否かは不明確ですし、せっかくの好意を後に支配介入といわれるのも気持ちのよいものではありません。そもそも使用者は、このような経費援助を行う義務を負っていないのですから、あえて、このようなことを行う必要もありません。

5　使用者の言論の自由

使用者の言論が支配介入を構成するか否かは、すでに説明しましたので、要旨だけを述べると、使用者の発言に報復・威嚇等の要素が含まれていなくても、発言の目的、必要性、内容、態様、時期、発言の与える影響などの諸般の事情が総合考慮されます。

要するに、個別具体的なケースで判断が分かれる可能性が多分にあります。そこで、安易に労働組合を批判するような発言は慎むべきでしょう。使用者が組合ないし組合員に対し、何か伝える場合、その内容については、報復・威嚇的なものがあってはいけませんが、伝達の方法も組合員に直接発言するのではなく、事務折衝の場で組合幹部にだけ話すなど、配慮すべきでしょう。

団体交渉外の組合活動に対する対応－個別事案をもとに－

以上のとおり、団体交渉の内外を問わず、使用者の行為が正当な理由のない団体交渉の拒否（不誠実交渉を含む）以外の不当労働行為を構成するリスクがあります。

そこで、団体交渉外の労働組合の活動について、どのような問題点があるか、どのように対応すべきかという点について、よく問題となる事例ごとに検討していきたいと思います。

1　ビラ貼り

労働組合が使用者の対応を非難するビラを許可なく会社の掲示板等に貼ることがあります。このようなビラ貼りは就業規則等で禁止されていることが一般的であり、これに反するビラ貼り行為に対して、使用者は何らかの処分を検討することでしょう。しかし、ビラ貼り行為が、組合活動としての「正当な行為」に該当する場合には、ビラ貼りを理由とする処分は、不利益取扱い（労組法７条１号）となります。

そこで、どのような場合にビラ貼りが労働組合の「正当な行為」となるかが問題となるのです。

この点について、国労札幌地本事件（最三小判昭和 54 年 10 月 30 日民集 33 巻 6 号 647 頁、労判 329 号 12 頁）は、「労働組合又はその組合員が使用者の許諾を得ないで上述のような企業の物的施設を利用して組合活動を行うことは、これらの者に対しその利用を許さないことが当該物的施設につき使用者が有する権利の濫用であると認められるような特段の事情がある場合を除いては、職場環境を適正良好に維持し規律のある業務の運営態勢を確保しうるように当該物的施設を管理利用する使用者の権限を侵害し、企業秩序を乱すものであって、正当な組合活動として許容されるところであるということはできない」と判示しています。

すなわち、ビラ貼りは、使用者の施設管理権と衝突し、この場合、原則として、使用者の施設管理権が優先され、組合活動としての正当性は否定されるのです。

しかし、前記判例も判示しているように、例外的に、ビラ貼り行為を認めないことが権利の濫用になることがあります。たとえば、従前から掲示板の使用を労働組合に認めていた場合や他の労働組合には認めていたような場合には、組合活動としての正当性が肯定されることになります。

そこで、ビラ貼りが行われた場合には、①労働協約等でビラ貼りが禁止されているか、②過去、ビラ貼りを許容したことはないかという会社の取扱いを確認した上で、③内容が名誉毀損を構成する違法なものではないかという実質面を検討する必要があります。

そして、使用者において、今回なされたビラ貼り行為を容認できないと判断した場合でも、いきなり処分を行ったり、使用者自らがビラを撤去するのではなく、労働組合宛に、ビラ貼りを行うことは認めていないこと、直ちにビラを撤去すること、今後もビラ貼りを継続する場合には、処分する可能性があることなどを記した警告書**【別紙12】**を発しておくべきでしょう。

ビラ貼りに対する安易な処分は不利益取扱いに該当し、使用者によるビラの撤去は支配介入といわれる可能性を多分に秘めています。

【別紙 12】

警 告 書

令和○年○月○日

○○労働組合
執行委員長 ○○ 殿

株式会社○○
代表取締役○○

貴組合の別紙のビラが、弊社３階の掲示板に無断で掲示されていましたが、弊社は、上記掲示板に、貴組合のビラを掲示することを許諾したことはありません。また、上記ビラは、弊社の人事部部長○○を名指しで批判するものである上、指摘されている事実にも多数の誤りがあり、弊社の職場環境、規律のある業務等に重大な悪影響を与えております。

よって、直ちに、上記ビラを撤去するとともに、以後、このようなビラを掲示しないよう本書を以て厳に警告致します。

今後も、このような行為が継続するようであれば、行為者に対して、懲戒処分等、厳正な処分の対象とすることがありますので、その旨併せてご承知置き下さい。

2　ビラ配布

ビラ配布は、ビラ貼りと似ていますが、直接使用者の施設管理権と抵触するわけではありません。そのため、その正当性はビラ貼りの場合に比べて広く認められる傾向にあります。

たとえば、倉田学園事件（最三小判平成6年12月20日民集48巻8号1496頁、労判669号13頁）は、「本件ビラ配布は、許可を得ないで行われたものであるから、形式的には就業規則の禁止事項に該当する」としながらも、「ビラの配布が形式的にはこれに違反するようにみえる場合でも、ビラの内容、ビラ配布の態様等に照らして、その配布が学校内の職場規律を乱すおそれがなく、また、生徒に対する教育的配慮に欠けることとなるおそれのない特別の事情があるときは、実質的には右規定の違反になるとはいえず、したがって、これを理由として就業規則所定の懲戒処分を行うことは許されない」と判示しています。

それゆえ、ビラ配布に対する処分は、ビラ貼りと比べて不利益取扱い、支配介入と評価される可能性が高いので安易な処分は控えるべきです。

3　職場集会

就業時間中に、組合員らが職場集会を開く場合があります。

この場合は、たとえば、就業時間中に職場集会を行った労働者を処分するにあたり、職場集会という組合活動を理由とする不利益な取扱いではないか、という点について、職場集会の「正当性」が問題となり、あるいは職場集会を認めないことが、労働組合の自主性・独立性を害し、支配介入を構成しないかという形で問題となります。

この点について、済生会中央病院事件（最二小判平成元年12月11日民集43巻12号1786頁・労判552号10頁）は、「一般に、労働者は、労働契約の本旨に従って、その労務を提供するためにその労働時間を用い、その労務のみに従事しなければならない。したがって、労働組合又はその組合員が労働時間中にした組合活動は、原則として正当なものということはできない」、「労働組合又はその組合員が使用者の許諾を得ないで使用者の所有し管理する物的施設を利用して組合活動を行うことは、これらの者に対しその利用を許さないことが当該物的施設につき使用者が有する権利の濫用であると認められるような特段の事情がある場合を除いては、当該物的施設を管理利用する使用者の権限を侵し、企業秩序を乱すものであり、正当な組合活動には当たらない。そして、もとより、労働組合によって利用の必要性が大きいことのゆえに、労働組合又はその組合員において企業の物的施設を組合活動のために利用し得る権限を取得し、また、使用者において労働組合又はその組合員の組合活動のためにする企業の物的施設の利用を受忍しなければならない義務を負うと解すべき理由はない」と判示しています。

よって、原則として、労働組合活動としての正当性は否定され、これに対する処分を行っても不利益取扱いとなる可能性は低いですし、職場集会を認めなかったからといって支配介入となる可能性も低いです。

もっとも、過去、就業時間内の職場集会を許容した例がある場合、その旨の労使慣行が成立していたとして、不利益取扱いを構成する可能性はありますし、労働組合の運営に関する干渉であるとして支配介入が成立する可能性もあります。

4　便宜供与

労働組合活動が活発になると、「会社内の会議室を組合事務室として貸与せよ」とか、「掲示板を使用させろ」などという要求をされることがあります。いわゆる便宜供与の問題です。使用者は、このような労働組合からの要求に応じなければならないのでしょうか。

結論からいえば、使用者はこのような便宜供与に応じる義務はありません。

しかし、使用者は労働組合に対して中立保持義務を負っています。そこで、一方の労働組合に対しては組合事務室を貸与し、掲示板の使用も認めているのに、もう一方の労働組合にはこれを認めないというような場合には、支配介入を構成しますので注意が必要です。たとえば日産自動車事件（最二小判昭和62年5月8日労判496号6頁）を参照ください。

多少テクニカルな話ですが、労働組合、組合員によるビラ配布、ビラ貼り等に頭を悩ませている使用者にとっては、掲示板の貸与というのは、1つの妥協案となります。すなわち、掲示板にビラを貼ることを認める代わりに、その他の場所へのビラ貼り、あるいは会社前でのビラ配布を行わないという協定を結ぶことにより、ビラ配布、ビラ貼りによる評判低下のリスクを抑えることが可能となります。

もっとも、このような申入れを行うこと自体に、反発する労働組合もありますので、正にケースバイケースで対応するしかありません。

5　街宣活動

労働組合は、団体交渉を有利に進めるため、会社の周辺で街宣活動を行うことがあります。このような街宣活動は使用者の評判を低下させるもので、使用者にとって一番避けたいことですが、団体行動権の一環として労働者に保障されているものです。

それゆえ、会社の周辺での街宣活動については、その内容が名誉毀損を構成するなど不当なものではない限り、労働組合としての「正当な行為」として許容され、これに対する処分は不当労働行為を構成します。

もっとも、このように街宣活動が団体行動権の一環として保障されているとしても、使用者が警察に通報すること自体、何ら不当なことではありません。団体行動権の保障から、臨場した警察官が直ちに街宣活動に参加した者を逮捕することはありませんが、労働組合の方で自粛することもあり、有効な手段といえます。

また、労使紛争に関する問題は、職場内で解決されるべき事柄であり、労働組合の諸権利は、会社の役員等の私生活の領域についてまで及ぶものではありません。よって、会社の役員の自宅前で行う街宣活動は、労働組合の「正当な行為」とは認められません。

むしろ、使用者は労働組合に対して、私生活の平穏や社会における名誉を毀損されたとして損害賠償を行うことが可能ですし、街宣禁止の仮処分の申立て**【別紙13】**を行うことも可能です。

そのためには、カメラやビデオカメラで撮影したり、配布されたビラなどを収集するなどして証拠作りを行う必要があります。

なお、使用者側が決裁権限のない者を団体交渉に出席させ、ダラダラと交渉している場合に、労働組合が「今の担当者では話にならないので、直接、経営者自宅に行かざるを得なかった」という理由で、経営者の自宅を訪問することがあります。誠実交渉義務が労使間における相対的・能動的な義務であることに照らせば、経営者の自宅等に赴いたことが直ちに違法と判断されない場合もあります。使用者としては、このようなトラブルを避けるためにも、積極的に労使紛争を解決するのだという意気込みをもって、誠実に団体交渉に臨むべきです。

【別紙13】

仮処分命令申立書

令和○年○月○日

○○地方裁判所

債権者○○代理人弁護士　○○○○

当事者目録　　別紙当事者目録記載のとおり

第1　申立ての趣旨

1　債務者は、自ら若しくは所属組合員、支援者等の第三者をして、下記の行為によって債権者の住居の平穏を害し、又はその名誉・信用を毀損する行為をし、若しくはさせてはならない。

⑴　債権者の自宅（肩書住所地）に赴いて、面会を強要すること

⑵　債権者の自宅（肩書住所地）の門扉の中心地点を基点として、半径150メートルの範囲内の土地において、拡声器を使用し又は大声を上げるなどして債権者を非難し、演説を行い、又はシュプレヒコールをすること

⑶　同土地において、債権者又は近隣住居の塀等に横断幕を掛けたり、組合旗を掲げたり、立看板をたてかけたりすること

⑷　同土地において、債権者を非難する内容のビラを配付すること

⑸　同土地において、ゼッケンを着用し佇立又は徘徊すること

2　債務者は、本決定送達の日後、第1項の行為を自ら行い、または第三者をして行わせた場合には、債権者に対し、その行為の日数に応じ、1日当たり金10万円の割合の金員を支払えとの裁判を求める。

※　債権者とは、代表取締役等の個人、債務者は、労働組合とする。

6　取引先等に対する街宣活動（要請行動）

労働組合は、団体交渉を有利に進めるために、要請活動と称し会社の取引先へ働きかけを行うことがあります。例えば、「あの会社は労働基準法を無視している。団体交渉にも応じない。貴社からもご指導していただくよう要請する」などと申し入れをしたり、取引先の周辺で街宣活動をしたりするのです。

取引先としては、他社の労使紛争について巻き込まれたり、あたかも自分の会社がトラブルを抱えているように世間から見られたり、非常に迷惑な行為であることは確かですが、労働者の経済的地位の向上を目的として、言論により穏当な内容及び態様でなされる場合には、広く正当性が認められると解されています。

もっとも、事例判決のようなケースではありますが、出向先で街宣活動を労使紛争が持ち込まれはしないかという不安を醸成し、出向先がこのような行動が反復されれば出向受け入れを再考するという意向を明確にするなど、使用者に対する出向先の信頼を低下させ、使用者の業務運営を不当に妨げるおそれがあったものとして、当該活動の正当性を否定したものがあります（国労高崎地本事件・最二小判平成11年6月11日）。

使用者としては、取引先には迷惑をかけることになりますが、街宣活動の場合と同様、取引先に証拠の保全をお願いすると共に、内容や態様如何によっては、労働組合に対して、労働組合活動として正当性が認められない旨の警告書を送付するなどの対応も検討する必要があります。

7　ストライキ

(1) 労働組合によるストライキ

団体交渉が行き詰まり状態に至った際、労働組合はストライキを実施することがあります。

ストライキとは、同盟罷業、すなわち集団的に労務の提供を停止することで、企業運営に大きな影響を与えるものです。

しかし、ストライキは、労働組合に認められた団体行動権のうち中核を占めるものであり、ストライキに参加したことを理由として懲戒処分等を行うことは不利益取扱いとなる可能性が高いです。

また、ストライキなどの争議行為を行わないという協定を使用者と労働者が締結（平和義務条項などといいます）している場合がありますが、この平和義務に違反したストライキ等については、平和義務違反として損害賠償の対象にはなり得ても、組合活動としての「正当性」は失われないとする見解もあり、処分を行う場合には慎重に検討する必要があります。

さらに、ストライキを実施するにあたり、労働組合には、使用者に対して、いつ、何名の組合員がストライキに参加するかをあらかじめ通告する義務はありません。「これからストライキを実施する」と宣言すれば、適法なストライキとなるというのが、現在の多数説です（当然、ストライキ権の確立など、他の要件を充足している必要はあります）。

それゆえ、ストライキを避けることは難しく、事後的な対応とならざるを得ませんが、このような事態に発展しないように、団体交渉の場で労働組合と信頼関係を構築しておくべきですし、常日頃から、ストライキがなされた場合、どのように対応するかを検討しておくべきです。

ストライキが実際に行われても、使用者は操業を継続すること自体否定されませんので、管理職、非組合員、さらには、代替労働者を雇い入れて操業を継続することもできます。そのための態勢を整えておく必要があります。

なお、ノーワーク・ノーペイの原則からストライキに参加したストライキ期間中の賃金を支払う必要はありません。

(2) 使用者によるロックアウト

労働組合によるストライキに対して、使用者が、労働者による労務の受領を集団的に拒絶し、あるいは労働者を事業場から締め出し、立ち入りを禁止するロックアウトで対抗することがあります。有体にいえば、「要求を呑まないと仕事をしないぞ」という労働組合に対して、使用者が「働かせないのだから、ストライキをしても意味がないよ」として、ストライキを無効化する、使用者による争議行為ともいえます。

このようなロックアウト自体は、衡平の見地から正当性が認められる場合があるというのが判例（丸島水門事件・最三小判 50 年 4 月 25 日民集 29 巻 4 号 481 頁）ですが、使用者のロックアウトについて正当性が認められるのは、例えば、短い時間でストライキと就業を繰り返して、「こんなのでは働いてもらっている意味がない」というようなケースに限られると思います。

そして、ロックアウトに正当性が認められない場合、使用者の責めに帰すべき事由による労務の受領の拒否であるとして、使用者は労働者が働いていなくても賃金を支払わなければなりません。また、仮にロックアウトの正当性が認められる場合でも、ストライキを行った労働組合に所属する労働者以外の労働者に対しては賃金を支払わなければなりません。

労働組合がストライキを行う段階にまで至っているということは、労使の対立が相当激烈になっている場合が多いでしょうし、そのようなときにロックアウトを実施すると、新たな紛争を誘発しかねませんので、ロックアウトの実施については慎重になる必要があります。

(3) ストライキをすることに対する牽制の可否

ストライキ権は、その行使を使用者にちらつかせて、使用者に対して一定の譲歩を求めるところに本来的な機能があり、労使交渉における労働組合の強力な武器です。

それゆえ、使用者において、労働組合がストライキ権を行使しないように条件交渉をすること自体は基本的に許されます。もっとも、条件交渉の際に使用者の発言が支配介入に当たらないよう注意する必要があります。

また、労働組合がストライキ権を確立する際に、使用者が労働組合に対してストライキ権を確立しないよう求めることは支配介入に該当するとしたものがあります（東京都・都労委（日本航空事件）東京高判平成 27 年 6 月 18 日）。ストライキ権を確立した後、これを「行使」するか否かという交渉の場面ではなく、完全に労働組合の「内部自治」に委ねられる場面に使用者の介入を許さないという考えがあると思われます。

(4) 操業の継続

使用者は、労働組合がストライキをしている間でも、管理職や非組合員を動員したり、一時的に労働者を雇用したりして操業を継続することができ、労働者は、使用者の操業の継続を実力で阻止してはならないとされています（山陽電気軌道事件・最二小決昭和53年11月15日刑集32巻8号1855頁）。

非組合員で仕事を回すことができる場合には、正常どおり操業してまったく問題ありません。操業を阻害するような行為があった場合には、遠慮なくこれに対抗すべきです。

8　SNSを使った会社批判

最近では、労働組合において、TwitterやFacebookといったSNSやYouTubeを使った会社批判が行われる場合があります。間違いなく一方的に会社や経営者を非難する内容と思いますので、会社にとってのレピュテーションの低下は避けられません。

また、このような場合、仮名や匿名で行われるため、法的措置を執ることも困難なことが多いです。法的には、プロバイダ責任制限法に基づき発信者情報の開示を求めることも理屈の上では可能ですが、労働組合による書き込みが、直ちに同法がいう「権利の侵害」があった場合に当たるとは言い難いと思われます。

使用者の中には、使用者側において、労働組合の行動を非難する書き込みをしてはどうかと考える方もいますが、かえって「炎上」するだけですので、このような対応はやめた方がいいと考えます。

強いていうのであれば、「労使紛争が生じているが、適正に対応している」旨を取引先等に丁寧に説明する程度でしょう。

第5章

団体交渉拒否に対して労働組合が採り得る法的手段

Ⅰ　はじめに

使用者が労働組合の申し入れた団体交渉を正当な理由なく拒否した場合には、労働組合は、一般的に２つの法的手続で使用者の責任を追及します。１つは裁判所に対するもの、もう１つは労働委員会という行政機関に対するものです。前者は司法救済、後者は行政救済と呼ばれています。

また、団体交渉の拒否については、前述した２つの法的手続のほか、ビラ配布、街宣活動などといった行為に及ぶリスクがあります。

Ⅱ　不当労働行為救済申立手続

1　はじめに

使用者が団体交渉の申入れを正当な理由なく拒否するなど不当労働行為を構成する可能性がある行為に及んだ場合、労働組合は、都道府県労働委員会に対して、不当労働行為救済申立てをすることができます。これを「不当労働行為救済申立制度」といいます。なお、不当労働行為の救済申立手続は、労働者側、すなわち、労働組合および組合員が申し立てることができる手続であり、使用者側から申立てを行うことはできません。

不当労働行為救済申立制度は、なかなか馴染みの薄い制度ですが、使用者が団体交渉を拒否した場合、労働組合の多くは、裁判所に対する申立てを行うよりも労働委員会に対する救済を申し立てることの方が多いですので、不当労働行為救済申立手続が、どのような手続かを認識しておくことは非常に重要なことです。

以下では、労働委員会、不当労働行為救済申立手続の概要について簡単にご説明します。

2　都道府県労働委員会とは

労働委員会は、労組法が定める不当労働行為救済手続と労働関係調整法が定める労働争議の調整を行う行政機関であり、各都道府県に置かれる都道府県労働委員会と国の機関である中央労働委員会があります。

労働委員会は、労働者を代表する者（労働者委員）、使用者を代表する者（使用者委員）、そして、公益を代表する者（公益委員）の各同数をもって構成する三者構成の委員会であり、労使紛争について、双方の立場、あるいは中立公平な立場から手続がなされます。

また、都道府県労働委員会の場合、多くは、労働者委員、使用者委員、公益委員のいずれも非常勤ですので、これらの三者委員を補助する事務局の役割も重要なものとなっています**【別紙 14】**。

【別紙 14】

3　救済手続の概要

労働委員会における救済手続の概要は、**【別紙15】**に示したとおりです。不当労働行為の救済手続は、都道府県労働委員会による初審手続と、中央労働委員会による再審査手続、そして、都道府県労働委員会または中央労働委員会の命令に対する裁判所の取消訴訟と大きく分けることができます。

このように、不当労働行為救済申立てがなされると、都道府県労働委員会、中央労働委員会、地方裁判所、高等裁判所、最高裁判所と、実質的に５審制となっています。それゆえ、最終的な結論が出るまで長期間要することもあります。また、団体交渉の拒否、不誠実交渉に対する救済命令の主な内容は、「団体交渉をせよ」というものです。

かたくなに団体交渉を拒否し、長期間にわたる争いに突入することの経済合理性について十分検討すべきでしょう。

なお、労働委員会の救済命令は、再審査や取消訴訟が提起されずに確定すると、その違反には過料の制裁があります。また、労働委員会の救済命令が裁判所の確定判決により支持されると、その違反には刑事罰が科せられます。

【別紙 15】

不当労働行為の救済手続

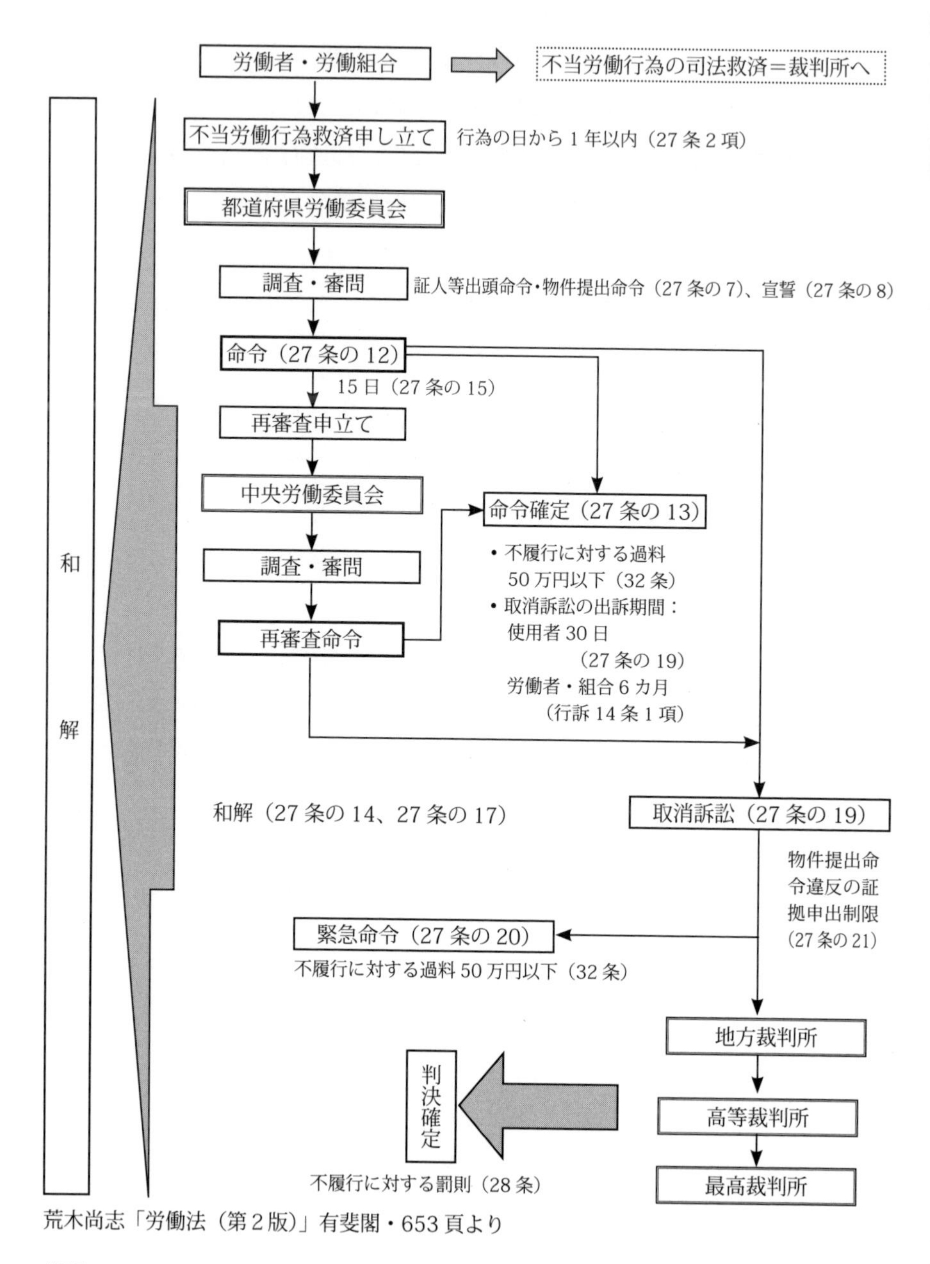

荒木尚志「労働法（第 2 版）」有斐閣・653 頁より

4　初審手続

(1)　申立て後の対応

労働組合による不当労働行為救済申立ては、その労働組合が所在する土地を管轄する都道府県労働委員会に対して行われます。それゆえ、複数の都道府県の事業所がある場合、あるいは、会社の所在地以外の都道府県に所在する労働組合に加入した場合、使用者側の応訴の煩は著しいものがあります。

移送という手続（ある都道府県労働委員会から他の労働委員会に事件を移す手続）もありますが、あまり利用されていません。

労働組合から救済申立てが出されると、その旨、使用者に通知されます。そして、使用者は救済申立てがあった日から 10 日以内に主張を記載した答弁書を提出しなければなりません。

(2)　手続の概要

初審手続の概要は、**【別紙 16】**のとおりですが、双方、自らの主張を記載した準備書面、主張を基礎づける証拠等を提出します。

審査手続には、調査手続と審問手続という２つの手続がありますが、両者は連続性を有するもので、調査手続において主張整理を行い、審問手続で人証調べ等の証拠調べを行います。なお、調査手続から審問手続に移行する際には、従前の主張整理の結果、今後の立証方針等が記載された審理計画が作成されます。

【別紙 16】

不当労働行為の審査の手続

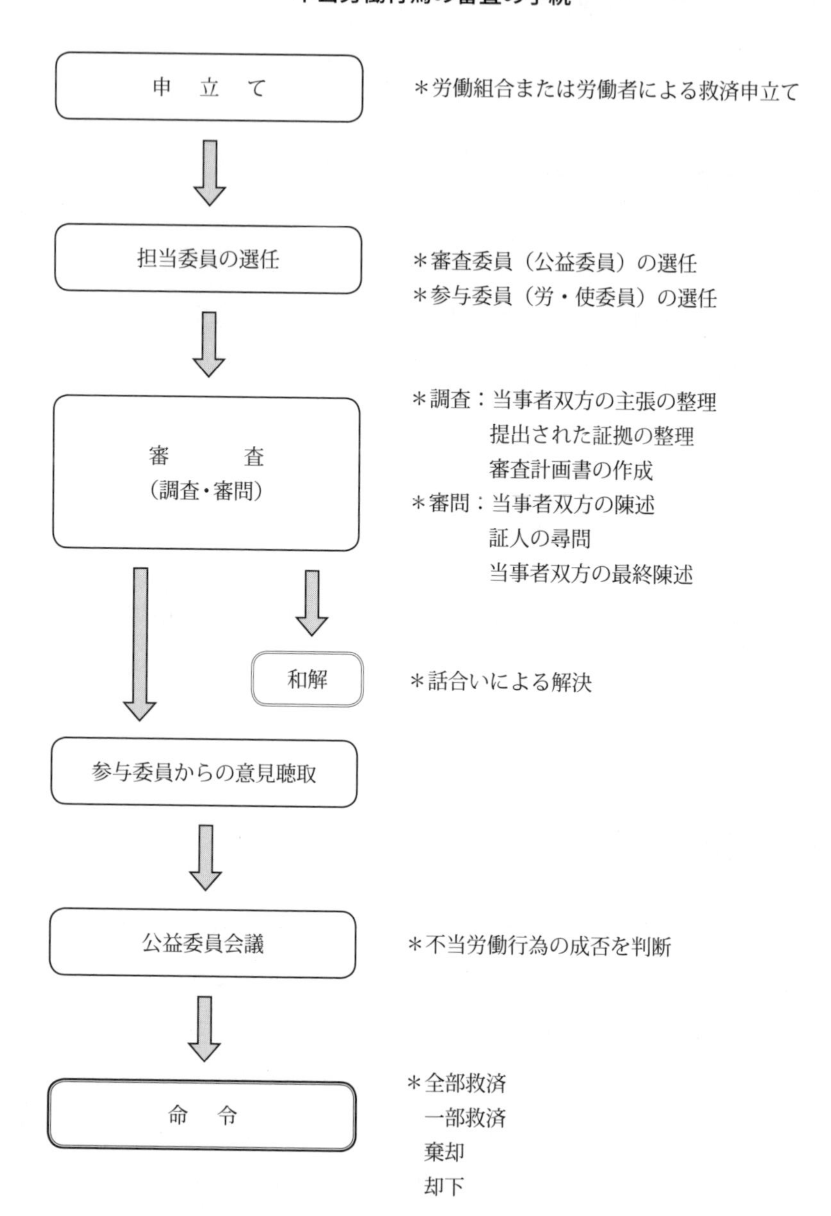

「労働委員会のてびき」東京都労働委員会事務局より

もっとも、前述したように、労働委員会では、公・労・使という三者構成を活かした和解による解決が図られ、申立て件数のうち多くが和解により終了しています。

COLUMN

社労士は、救済手続にどのように関与できるか

社労士は、労働委員会の救済手続に関与することができるでしょうか。

まず、社労士は、紛争の当事者（労働組合、使用者）ではないので、当事者として手続に加わることはできません。また、弁護士、弁護士法人以外の者が法律事件について代理することは原則として許されません（弁護士法72条）。

しかし、当事者本人（使用者の場合には、代表者である社長等）、弁護士以外が救済手続に参加できないというのは、時として、救済手続の充実を阻害する場合もあります。すなわち、会社の規模によっては、労使紛争について代表者が事情を把握していることは希で、人事担当者、あるいは事業場の責任者の方がよりよく労使紛争の実情を知っていることの方が多いです。そのため、救済手続にも、このような人事担当者、事業場の責任者を参加させた方が、審理が充実します。

そこで、労働委員会規則は、調査手続においては、「当事者又は関係人」の出頭（同規則41条の2第4項）。審問手続においては、当事者は、会長の許可を得て、「補佐人」を伴って出頭することができる（同規則41条の7第3項）と、当事者、代理人以外の救済手続への参加を許容しています。

そこで、社労士も、「関係人」あるいは「補佐人」として、救済手続に参加する余地があります。

もっとも、補佐人として出頭できるか否かは、労働委員会会長の裁量（許可）に委ねられていますし（一般的には、**【別紙17】**のような「補佐人申請書」という書面が用意されています）、関係人として出頭する場合でも、その範囲についても一義的ではなく、各都道府県労働委員会によって運用が区々の場合もありますので、あらかじめ各都道府県労働委員会に確認する必要がありますし、救済手続を実りあるものとするために、社労士の参加が必要であることを十分に説明する必要があります。

この点については、一般的な基準はありませんが、団体交渉に社労士が参加し、その後、救済手続に至った場合には、関係人ないし補佐人として認められる可能性は高いと思いますが、不当労働行為の救済申立てがなされた後、救済手続にだけ関与する場合には、実質的には、救済手続を代理しているのと異なりませんので、参加が認められないケースもあります。（荒瀬）

【別紙17】

令和　年　月　日

東京都労働委員会　会長　殿

申請人名称
代表者役職氏名　印
（※個人申立ての場合は、氏名のみ記載してください。）

補佐人申請書

都労委令和　　年不第　　号事件に関し、下記の者を補佐人として許可願います。

記

氏　　名	職業 役職	住　所	連絡先電話番号 ファクシミリ番号

(3) 合　議

審問が終了したときは、会長は、公益委員全員による公益委員会議を開き、合議を行います。公益委員会議は、手続に参与した労働者委員、使用者委員の意見を聞いた上で、事実を確定し、不当労働行為の正否を判断し、いかなる命令を発するかを決定します。

(4) 命　令

労働委員会がなす命令には救済命令と棄却命令があります。

救済命令は、不当労働行為が成立すると認められ、労働組合または個々の組合員の救済を図る場合に、棄却命令はその逆で不当労働行為が成立しない場合に発せられます。また、救済命令の中には労働組合が求める救済を全面的に認める全部救済命令と一部の救済を認める一部救済命令があります。

使用者が団体交渉を正当な理由なく拒否した場合や、不誠実な団体交渉が行われた場合は、**【別紙 18】**のとおり、使用者に対して団体交渉に誠実に応じることを命じるとともに、団体交渉に誠実に応じなかったことが不当労働行為であると認められた旨を記載した文書を労働組合に交付または事業場への掲示を命じられることがあります。

命令は、交付された日から効力を生じます（労組法27条の12第4項）。

そして、使用者は、命令書の交付を受けたときから遅滞なく、その命令を履行しなければなりません（労働委員会規則45条1項）。使用者の中には、命令書の交付を受けても、中央労働委員会に対して再審査の申立てをした場合、あるいは、命令の取消しを求めて行政訴訟が提起された場合には、都道府県労働委員会の命令を履行しなくてもよいと考えている場合がありますが、これは間違いです。

【別紙 18】（1）

命　令　書

申 立 人　　○○○○組合
　　　　　　委員長　X 1

被申立人　　△△△△
　　　　　　代表取締役　Y 1

上記当事者間の都労委令和×年不第×号事件について、当委員会は、令和×年×月×日第×回公益委員会議において、会長公益委員××××、公益委員××××、同××××、同××××、同××××、同××××、同××××、同××××、同××××、同××××、同××××、同××××の合議により、次のとおり命令する。

主　文

1　被申立人△△△△は、申立人○○○○組合が、令和×年×月×日付けで申し入れたX 2の雇用等を議題とする団体交渉に、誠実に応じなければならない。

2　被申立人会社は、本命令書受領の日から 1 週間以内に、55 センチメートル× 80 センチメートル（新聞紙 2 頁大）の白紙に、下記文書を楷書で明瞭に墨書して、被申立人会社の従業員の見やすい場所に 10 日間掲示しなければならない。

記

年　月　日

○○○○組合
委員長　X 1　殿

△△△△
代表取締役　Y 1

当社が、貴組合からの令和×年×月×日付団体交渉申入れに応じなかったことは、東京都労働委員会において不当労働行為であると認定されました。
今後、このような行為を繰り返さないよう留意します。
（注：年月日は文書を掲示した日を記載すること。）

3　被申立人会社は、前各項を履行したときは、速やかに当委員会に文書で報告しなければならない。

4　その余の申立てを棄却する。

【別紙 18】（2）

理　由

第1　事案の概要と請求する救済の内容の要旨

1　事案の概要

被申立人△△△△（以下「会社」という。）において、令和×年×月×日までの雇用契約に基づき、契約社員として就労していたＸ２（以下「Ｘ２」という。）は、×月×日及び×日、会社から、契約期間を×年×月×日から同年×月×日までとする新たな雇用契約を提示されたことを契機に、×年×月×日、申立人○○○○組合（以下「組合」という。）に加入した。

×年×月×日、組合は、Ｘ２の雇用等を議題とする団体交渉を申し入れたが、会社は、業務多忙を理由に回答の猶予を求め、結局、団体交渉が開催されないまま、同人の契約期間は同月×日で満了した。

本件は、①会社が、組合の申し入れたＸ２の雇用等を議題とする団体交渉に応じていないことが、正当な理由のない団体交渉拒否ないし組合に対する支配介入に当たるか否か、②会社の提示した新たな雇用契約書にＸ２が署名しなかったことを理由に、契約期間満了の×年×月×日をもって雇止めとしたことは、Ｘ２の組合活動を理由とする不利益取扱いないし組合に対する支配介入に当たるか否かが争われた事案である。

2　請求する救済の内容の要旨

(1)　会社は、団体交渉に応ずること。

(2)　会社は、組合に対する支配介入を行わないこと。

（以下略）

5　命令に不服がある場合

都道府県労働委員会が行った命令に対して不服がある場合、当事者は、その命令の取消しを求めて地方裁判所に対して取消訴訟を提起することができますし、中央労働委員会に対して再審査を求めることもできます。

中央労働委員会に対する再審査の申立ては、労働組合および使用者とも命令の交付を受けたときから15日以内になされなければなりません。

地方裁判所に対する取消訴訟の提起は、労働組合が行う場合には命令が出されたことを知ったときから6カ月以内に行えば足りますが、使用者が行う場合には命令交付の日から30日以内にしなければなりません。

このように、都道府県労働委員会の命令に対しては、地方裁判所に対する取消訴訟、中央労働委員会に対する再審査の申立てという2つの手段を執ることができます。

使用者において都道府県労働委員会の命令に対して不服がある場合、地方裁判所に対する取消訴訟と中央労働委員会に対する再審査の申立てのどちらを行うのがよいかは一概にはいえません。

両者の違いは、地方裁判所に取消訴訟を提起した場合には、労働委員会の命令がその裁量を逸脱した違法なものであるかどうかが判断事項となるのに対し、中央労働委員会に対する再審査の申立ては、その名のとおり審査し直すという性格が強いのが特徴です。

なお、中央労働委員会の命令に不服がある場合には、その取消しを求めて地方裁判所に対して取消訴訟を提起することができます。

いずれにしても、最終的には裁判所の判断を求めることができるのです。

6　命令に従わなかった場合のペナルティー

労働委員会の命令は、交付の日から効力を生じ（労働組合法27条の12第4項）、使用者は命令書の交付を受けたときから遅滞なくこの命令を履行しなければならないとされています（労働委員会規則45条1項）。この点は、中央労働委員会に対して再審査の申立てをしても、あるいは地方裁判所に対して取消訴訟を提起したとしても変わりません。

もっとも、命令違反に対してペナルティーを受けるのは当該命令が確定した後のことです。それゆえ、命令に不服がある場合には、再審査の申立てや取消訴訟を提起すれば、ペナルティーが科されないという意味で、事実上、命令の履行を先送りすることができます。

なお、使用者が確定した救済命令に違反した場合には、50万円（作為を命じる命令の不履行の日数が5日を超える場合には、その超える日数1日につき10万円を加算）の過料に処せられます（労働組合法32条後段）。

また、取消訴訟が提起されて、裁判所の確定判決により救済命令が指示されたにもかかわらず、これに違反したときは、1年以下の禁固若しくは100万円以下の罰金に処され、又はこれらを併科されます（労働組合法28条）。

当たり前ですが、命令が確定した場合には、直ちにこれを履行すべきでしょう。

7　迅速な手続か

このように、労働組合から不当労働行為救済の申立てがなされても、場合によっては、都道府県労働委員会の初審手続、中央労働委員会の再審査手続、地方裁判所に対する取消訴訟、高等裁判所への控訴、最高裁判所の上告など実質的に５つの機関で審理されることになります。

それゆえ、最終的な結論が出るまで非常に長い期間にわたって、労使紛争が継続する可能性があります。労使紛争を長期化させることが会社にとってメリットが大きいか否か、費用対効果をよくよく検討する必要があります。

Ⅲ 司法救済

1 団体交渉を求める地位確認請求

正当な理由のない団体交渉の拒否がなされた場合、労働組合は、団体交渉を求め得る法的地位があることの確認を求めることができます（国鉄事件・東京高判昭和62年1月27日労判505号、最三小判平成3年4月23日労判589号など）。

もっとも、判例が認めるのは、団体交渉を求め得る地位があることの確認を求めることができるに過ぎず、使用者に対して「団体交渉に応ぜよ」という作為を命ずること（給付判決）を求めることはできないとされています（東京高決定昭和50年9月25日労民集26巻5号）。

2　不法行為に基づく損害賠償請求

正当な理由のない団体交渉の拒否は、憲法上の権利である労働組合の団体交渉権を侵害するものであり、また、民法上の不法行為を構成し、損害賠償の対象になります。

そして、誠実交渉義務を尽くさない団体交渉は、形式的には団体交渉が行われていたとしても、正当な理由のない団体交渉の拒否と同視されますので、損害賠償の対象となります。もっとも、あくまで民法709条に基づくものですから、同条の要件を具備している必要があります。

都道府県労働委員会による あっせん手続の概要

前記の２つのほか、集団的労使紛争を解決する手段として都道府県労働委員会のあっせん手続というものがあります【別紙 19】。

この手続は、労働関係調整法に基づき、労使間に発生した労働争議を調整するというもので、不当労働行為救済手続とは異なり、使用者も申請することが可能です。

そして、この手続が対象とする「労働争議」とは、労働関係の当事者において、労働関係に関する主張が一致せず、そのために争議行為が発生している状態または発生するおそれがある状態をいいますので、団体交渉が荒れる場合、あるいは、団体交渉を開始したものの合意にまで至らないが、行き詰まり状態にあるとして打ち切るには躊躇するというような場合には、労働争議の状態にあるとして、都道府県労働委員会に対して、あっせんの申請をすることが可能になります。あっせん申請書は【別紙 20】を参照ください。

使用者にとって、あっせん手続を行うことの最大のメリットは、使用者と労働組合という対立関係にある当事者のほかに、中立公平な行政機関が間に入って調整してくれるという点にあります。また、団体交渉を打ち切っていいかどうか判断に迷う場合などには、あっせん手続を申請しておけば、仮にあっせん手続において解決に至らず、労働組合から不当労働行為救済申立てがなされたとしても、「都道府県労働委員会があっせんを行っても合意に至らなかったのだから、行き詰まり状態にあり、団体交渉の拒否に正当な理由がある」と判断されやすいと思われます。

このように、使用者のためにも、労使紛争を調整するための機関が存在するのですから、使用者はいたずらに団体交渉を拒否するのではなく、積極的に団体交渉に臨み、妥結に至ることが困難と思われる場合には、都道府県労働委員会という専門機関を利用し、労使紛争の早期解決を目指すのがよいでしょう。

【別紙 19】

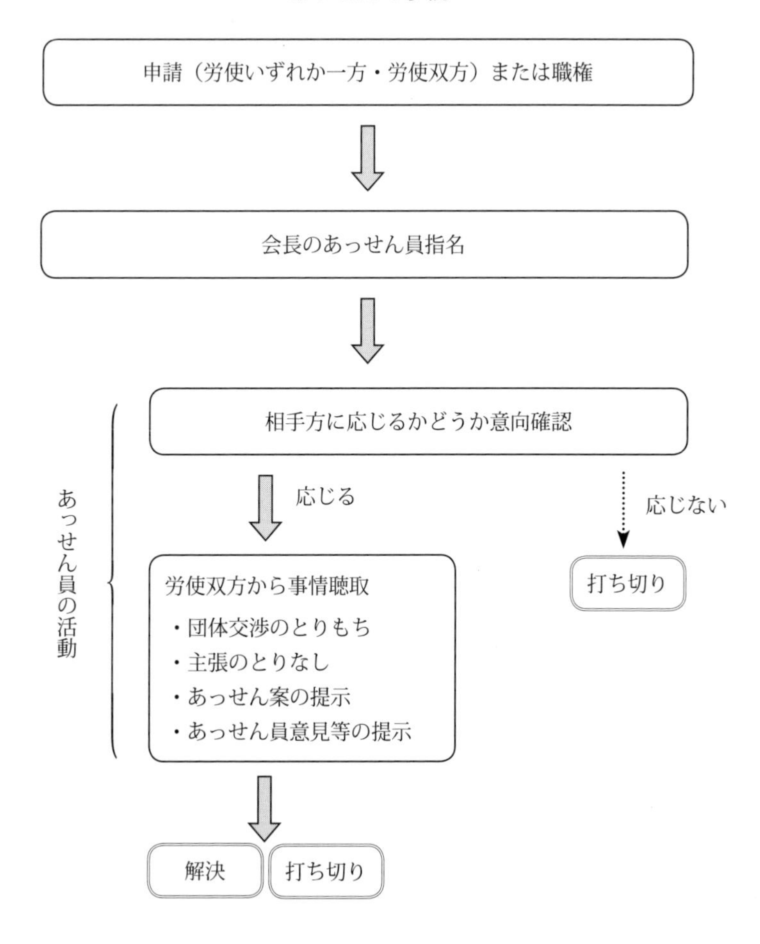

「労働委員会のてびき」東京都労働委員会事務局より

【別紙 20】（1）

令和　　年　　月　　日

東京都労働委員会
会長　　　　　　　　殿

申請者名称
代表者 役職・氏名　　　　　　　　　　印
（署名又は記名押印）

あっせん申請書

1 使用者

事業所所在地

会社名　　　　　　　　　　　　電話

代表者　役職・氏名

事業の種類　　　　　　　　　　従業員数

関係事業所名及び
その所在地

連絡責任者（職・氏名）　　　　電話

2 組　合

事業所所在地

組合名　　　　　　　　　　　　電話

代表者　役職・氏名

結成年月日　　　　組合員数　　　　当該事業所の組合員数

直接上部団体名　　　　加盟系統（連合　全労連　全労協　その他）・無

連絡責任者（職・氏名）　　　　電話

※企業内別組合の有無　有（組合名　　　　　　組合員数　　　）・無

3 あっせん事項

①

②

（一時金、賃上げ、解雇問題、団交促進（配転問題）など簡潔に記載すること）

【別紙 20】（2）

4　申請に至るまでの交渉経過

年　月　日	交渉経過（団交申入れ、要求、回答、第○回団体交渉など）

（はじめての要求書提出日、はじめての団体交渉日、申請前の最終交渉日、争議行為を伴っている場合はストライキなどの実施日、要求に関係する配転・解雇などが実施された日などを年表式に簡潔に記載すること。なお、組合申請の場合で、当該労働者の組合加入日がはじめての要求書提出日に近接している場合（「駆け込み訴え」）は、組合加入日も記載のこと。
※要求書、回答書、団交申入書などを参考資料として添付してください。）

5　争議行為の有無 有・無

6　労働協約の定めによる申請の場合は、その関係条文の抜粋（条文記載）
（本様式に記載しきれない場合は適宜別紙に記載してください。）

東京都労働委員会ホームページより

第6章

団体交渉に社労士はどうかかわるべきか

1　団体交渉と顧問社労士の関係

労働組合の組織率が低下する中、社労士が主に関与する中小零細事業所で労働組合が存在しているところはそれほど多くありません。よって、社労士が団体交渉に関わる機会はあまり多くありません。

しかし、近年個別労働紛争の件数が急増しており、紛争の過程において個人で加入できる合同労組（以下「ユニオン」）に加入し、団体交渉要求が突然やってくることもあります。実際、顧問契約させていただいている会社の（現・元）従業員がユニオンに加入し、会社に団体交渉を申し入れた場合、必ずといっていいほど会社から顧問社労士に相談が寄せられます。日頃顧問先企業の労務相談や指導に関わっている顧問社労士が、その時だけ関与を拒むというわけにはいきません。慌てずに、申し入れてきたユニオンがどういう団体であるかを調べるとともに、申入れ事項が事実かどうか会社担当者に確認してもらうことが対応策の第一歩です。

申入れを行った（現・元）従業員は、当然ながら会社での処遇等で不平・不満を持っていることが多いので、会社側に落ち度や言動や接し方で問題がないのかを確認する必要がありますし、それらがある場合は、会社として見直さなければなりません。また、従業員が仕事以外で問題を抱えていることもあります。

これらの状況を踏まえ、できるだけ労使双方が納得できるような解決策を導き出し、会社が相手方と交渉してもらうためのサポートをすることが顧問社労士に与えられた役割だと思います。以下では、実際に団体交渉にまで発展したケースからいくつかの学びをご紹介します。

COLUMN

顧問社労士の関わり

顧問社労士は顧問先企業からいきなり団体交渉の相談を受けるというよりは、事前に何らかの相談を受けるところから始まります。

個別労働紛争の相談で多いのは、「解雇」「いじめ、嫌がらせ」「賃下げ」です。特に問題社員の解雇の相談は、その後の紛争に発展していきやすい問題ですので、自主的に解決するにせよ団体交渉になるにせよ、慎重に取り組むことが大切です。顧問契約をしていない場合でも、団体交渉の相談をきっかけに顧問契約をさせていただくこともありますので（誠実に対応するという前提ですが）、団体交渉申入れは社労士としても１つの活躍する場面であると思います。また、まれに企業内労組の活動が活発で対応に苦慮しているから知恵を貸してほしいという相談もあります。

よって、労働紛争の予防、解決という観点からも、団体交渉についての実務的対応法、労働判例・労働委員会命令、労働組合法に関する知識は普段から情報収集しておくことは社労士として必須です。

（中村・猶木）

(1) 労働者の資質を踏まえた対応が必要

顧問先企業から、従業員が「勤務時間中にしばしば離席をして職務に専念しない」、「遅刻が常態化しており注意しても改まらない」、「仲間と協調せずに孤立して一切の協力関係を拒否する」などで悩まれているという相談を受けました。

個人業績も芳しくなく、職場内での協調性に欠け、再三の注意指導にも改善が見られないことから、「できれば辞めてもらいたい」というのが事業主の意向でした。

実際に辞めてもらうためには、解雇に相当する客観的事由の存在と就業規則等の根拠を確認しなければなりません。会社側は当該労働者の勤務記録や注意・指導の記録を整え、それらの客観的事実と就業規則の該当条文を示して退職勧奨を行いました。

そうしたところ、急に攻撃的な態度になり、「離席は生理現象で仕方がない」、「身体的理由で朝が弱い」、「協調するより自分の仕事を優先する」などの理屈をいって自らを正当化し、むしろ会社側の配慮が足りないなど会社に対して不満を述べてきました。

冷静な話合いのできない状況では、個別交渉も進みません。「ひょっとしたら…」との一抹の不安が的中し、その後しばらくして労組への加入通知書と団体交渉申入書が郵送されてきました。

退職勧奨を行う際に、しっかりと準備をして話合いに臨んでも、このケースのように「自らの非を認めない」、「冷静な話合いができない」など、労働者の資質によって団体交渉にまで発展してしまうことがあります。労働者の資質や性格、過去の経験なども考慮に入れて、団体交渉に至らない対応をアドバイスしていく必要があることを学びました。

(2) 相手の望む解決方法を念頭に関わること

個別労働紛争の解決手段は、労使間の話合いが基本です。よって、顧問社労士として労使双方が納得のできる話合いができるようにアドバイスをしてあげる必要があります。

この話合いが会社側からの一方的なものとなってしまうと、個人ではなく組織を通じて会社に対抗することを考え、労働基準監督署などの公的機関に相談するか、ユニオンに駆け込んで団体交渉に至ってしまいます。

とはいえ、労働者にとってやはりユニオンの敷居は高いものです。ですから、会社と争いになってすぐさまユニオンに解決を求めることは少ないでしょう。まずは、労働基準監督署や総合労働相談コーナー等の公的機関や、法テラスや弁護士事務所等の法務関係先へ相談することになります。

しかし、そういった場所での解決策に納得できない場合やそれ以上の解決を求める場合などは、ユニオンに相談することになるでしょう。また、過去にユニオン等で団体交渉の経験のある労働者やそういった経験を持つ友人がいる場合は、すぐにユニオンに解決の手段を求める可能性は高くなります。

まずは、相手がどのような方法で解決を求めているかを念頭に置き、解決策のシナリオを描くことが重要なポイントになります。

COLUMN

顧問社労士として初めて団体交渉を経験

開業して7年目の春、顧問先企業（以下「会社」）から「ユニオンより団体交渉の申入れがあった。どうしたらいいでしょう？」という切羽詰まった相談を受けました。以前勤めていた事務所で団体交渉の資料準備をしたぐらいしか経験がなく、団体交渉については予備知識程度しかありませんでした。早速書店に行き団体交渉に関する書籍を調べたり、インターネット上で情報検索をしたりしましたが欲しい情報はなく、労組に関するセミナーに参加しておけば良かったと心から思いました。

団体交渉の申入れは、部門閉鎖に伴い退職勧奨した従業員が加入したユニオンからのものでした。これまでも、退職勧奨を行う場合は考え得る検討を全て行った後で、慎重かつ誠実に対応すべきと伝えていましたが、会社担当者が退職勧奨の際に従業員に対して暴言を発していたことがわかり、顧問社労士としてもっと事前に伝えるべきことがあったと反省しました。

団体交渉の経験がないとはいえ会社は顧問社労士の私を頼りにしているので、今後の方策を間違うわけにはいきません。そこで正直に「私には残念ながら団体交渉の経験はありません。だけど、しっかり御社をサポートできるよう努力しますので、経験のある弁護士か社労士を紹介させてください」と会社に伝え、即時に了承を得ました。会社のこの決断は、私にとって本当に心強く、早速経験豊富な弁護士を紹介し、一緒に対応することになりました。

団体交渉の経験の少ない社労士が会社の力になりたくても力量不足・経験不足により迷惑をかけてしまう可能性があります。そういう場合は、初期段階から団体交渉の経験豊富な弁護士・社労士の力を借りる方が良いでしょう。

（堀内）

2　団体交渉でも顧問社労士は活躍できるか

初めて団体交渉申入書を受け取る事業主は、「団体交渉に応じたくない」「逃げたい」などとても不安を感じるようです。そのような時こそ、顧問社労士が事業主の不安を和らげながら団体交渉に誠実に応じる義務があることを指導し、状況把握と今後の対応シナリオを一緒に考えてあげることが期待されます。まさにここが顧問社労士の活躍できる場面となります。

(1)　団体交渉への出席は可能

私が経験した先のケースでは、団体交渉申入書を受け取った事業主は、自らの正義感と好奇心から団体交渉に本人自らが出席すると決められました。事業主が直接団体交渉に出る必要はありませんが、ご自身が率先して団体交渉に臨まれました（会社によっては経営者が出席しないと詳細が分からないケースもあります）。そして、顧問社労士として同席を依頼されました。団体交渉申入書には、ユニオン側の出席者として５名程度出席すると記載されています。会社の組合員はわずか１名しかいなくても、全く面識のない組合員が複数出席し、当事者である会社の組合員は出席しませんでした。

一方、会社側の出席者に関しても、「代表者あるいは委任を受けた任意の人格と員数」と団体交渉申入書に記載されており、顧問社労士が関係者として団体交渉に出席することも何ら問題ありません。実際に同席しても、ユニオン側から素性を問い質されたり、特別扱いされることもありませんでした。

(2) 交渉の進め方

団体交渉は、ユニオン側が一方的に進めます。そこで会社側の反論や弁明、疑義の訴えをしても対立するだけで交渉にはなりません。ユニオンの要求に対し誠意を持って受け止め、会社側の主張は後日改めて文書で回答するのが良い対応方法でしょう。

今回自ら進んで団体交渉に臨んだ事業主ですが、さぞかしいいたいことが山ほどあったと思います。しかし、事前に打ち合わせたとおり、感情を表に出さず冷静に受け応えをしてくれました。感情的になればなるほど、話合いはこじれます。時として相手側が感情をあらわにすることもありますが、そのような場合も相手の誘いに乗らず、冷静に話を聞くことが大切なポイントです。

顧問社労士が同席しているからといって、ユニオン側が客観的な意見を求めたりすることは一切ありません。相手が何を発言しようが自らの要求を主張するのがユニオンのやり方です。そういった意味では、顧問社労士が団体交渉で活躍できる場面はほとんどありません。

COLUMN

団体交渉初経験社労士からのアドバイス

初めて団体交渉を行う会社担当者へのアドバイスとして、私の率直な感想を述べておきます。

① 初期対応が大切

団体交渉開始後、話がこじれてから専門家が入っても元に戻すのは難しいです。専門家に依頼するなら、こじれる前に依頼すべきでしょう。

② 周到な事前準備の重要性

団体交渉の席で、何をいってはいけないのか、何をやってはいけないのかを理解しない状態で臨むことは、余計な不安を招くので避けるべきです。

③ 誠実な交渉を心がけること

団体交渉の席が設けられることは、ケンカ別れではなく交渉の場ができたと思い、誠実に対応すべきです。会社としては時間もコストという意識のため、早く終わらせたいと考えがちですが、粘り強く対応する意識が必要です。

④ 冷静に対応すること、感情的には対応しないこと

部下からの交渉申入れで、悔しさや空しさも感じるでしょうが、感情的になってはいけません。また、議題が色々と変わったり増えたりしますが、いらいらしないことが大事です。最終的に金銭面の交渉になることもありますが、冷静な対応が必要です。

また、会社のコンプライアンスの強化（就業規則の作成や周知、３６協定の締結、従業員代表の適正な選出　等）をしておかないと、団体交渉の場で糾弾されることもあるので、注意しましょう。

（堀内）

COLUMN

2(2) のケースのその後

2(2) のケースでは、会社はユニオンの要求を一切聞き入れませんでした。その上で、訴訟も辞さない姿勢を貫きました。業を煮やしたユニオン側は労働争議を行う旨、通告してきました。実際にどのような争議行為が行われそうか？　その影響は？　事前の対応は？　等々、事業主としっかり打合せをしておいたおかげで、いざ争議行為が起きた時にも慌てずに対処できました。

今回のケースでユニオン側の争議行為は、会社前でのビラ配布と会社取引先へのビラの郵送でした。ビラ配布に対しては、事前に社内に告知してあったため、当日ビラを配られても社内的な動揺は一切起きませんでした。むしろユニオン側が建物の管理者から建物内でのビラ配布に対して直接クレームを受けていたようです。また、得意先へのビラ郵送もあらかじめ想定しており、事前に関係先に連絡を入れることで大きな問題には至りませんでした。そのビラの内容を見た得意先からは同情の声も多数届いたようです。

（猶木）

3　団体交渉に顧問社労士が出席すべきか

団体交渉において顧問社労士の活躍の場は少ないですが、当初より労働紛争に関与してきて、その解決を望む関係者の１人として出席することは意味のあることです。

社労士は団体交渉に出席しない、できない等の意見もありますが、私たちは積極的に出席すべきだと考えます。

「弁護士法 72 条に基づく代理人」にはなれませんが、会社担当者の発言を傍らで見守りつつ、軌道修正したり相手方が意味の分からない発言や無茶な発言をした場合に問い質したりすることが団体交渉に出席する社労士の役割だと思います。普段から労務相談対応で会社の状況をある程度把握している専門家として同席し、法律・判例・世間相場・実態・感情等に基づいて話をまとめていく姿勢であれば、きっと会社担当者にも喜ばれるでしょう。

代理人弁護士に比べれば社労士は地味な役回りかもしれませんが、常日頃から接しているだけに労使双方の気持ちが分かりますので、団体交渉で活躍する場はあります。

基監発0311第1号
平成28年3月11日

都道府県労働局長　殿

厚生労働省労働基準局監督課長

社会保険労務士の業務について

社会保険労務士法の一部を改正する法律（平成26年法律116号）については、本法案の審議に当たって、政府は、「社会保険労務士による労働争議への介入が可能となる範囲については、客観的に明確となるよう必要な措置を講ずること。」等の附帯決議がなされたものである。

社会保険労務士による労働争議への介入については、平成18年3月1日付け厚生労働省基発第0301002号・庁文発第0301001号「社会保険労務士法の一部を改正する法律等の施行について」の記の第1の1をもって通知されているところであるが、下記について、的確に運用されたい。

なお、現実には、労働争議時の団体交渉の態様の多様性等から判断が困難な場合があり、具体的事情に即して個別的に判断することが必要となることに留意されたい。

記

1　労働争議時において、当事者の一方の行う争議行為の対策の検討、決定等に参与するような相談・指導の業務については、社会保険労務士法第2条第1項第3号の業務に該当することから、社会保険労務士の業務として行うことができること。

2　社会保険労務士が、労働争議時の団体交渉において、①当事者の一方の代理人となって相手方との折衝に当たること、②当事者の間に立って交渉の妥結のためにあっせん等の関与をなすことはできないこと。

厚生労働省基発第0301002号
庁文発第0301001号
平成18年3月1日

（抜粋）

第1　社会保険労務士の業務からの労働争議不介入規定の削除（社会保険労務士法第2条第1項第3号及び第23条関係）

社会保険労務士法（昭和43年法律第89号。以下「法」という。）第2条第1項第3号かっこ書においては社会保険労務士が業として「労働争議に介入することとなるもの」について相談・指導の事務を行うことができない旨規定し、同法第23条は開業社会保険労務士については業として行うか否かにかかわらず、労働争議に介入することを禁止していたところ、改正法により、これらの規定が削除された。

これについては以下の事項に留意すること。

1　改正後の業務内容

今回の改正によって、争議行為が発生し、又は発生するおそれがある状態において、社会保険労務士は業として当事者の一方の行う争議行為の対策の検討、決定等に参与することができることとなること。しかしながら、労働争議時の団体交渉において、一方の代理人になることは法第2条第2項の業務には含まれず、社会保険労務士の業務としては引き続き行うことができないこと。

なお、全国社会保険労務士会連合会（以下「連合会」という。）においては、会則に社会保険労務士会の会員が適正な労使関係を損なう行為をしてはならないことを明記したところであり、また、苦情処理相談窓口を設けて不適切な業務を行った社会保険労務士に指導を行うとともに、綱紀委員会も設けることとしていること。

また、「適正な労使関係を損なう行為」をした社会保険労務士について、当該綱紀委員会における調査・審議を経て連合会から厚生労働大臣に懲戒事由の報告がなされた場合は、厚生労働大臣は厳正に対処し、必要に応じ懲戒処分を行うこととなること。

4　他の専門家（弁護士）とどう協力すべきか

社労士と他の担当者（弁護士など）で、分担することが大事だと思います。日常の労務管理、労働紛争が発生した場合の解決方法の提案等は社労士が行うべきで、訴訟や代理人に該当しない限り社労士が担当すべきと思います。社労士としては、訴訟や代理人に該当しない限りは全部自分自身で引き受けるというくらいの気構えでいた方が、お客様に信頼されるでしょう。もちろん、訴訟になった場合のことも考慮し、労働問題に精通した弁護士とのパイプを持っていることも必須です。

COLUMN

団体交渉休憩時間中に社労士がアドバイス

ある会社にとって初めての団体交渉で、ユニオン側からの強い攻め立てに会社側出席者は圧倒されてしまいました。なぜかというと、会社側出席者が何を説明しても、反論してもユニオン側からは「ということは退職強要をしたということですね？」といわれ、会社側出席者は「退職強要」という言葉の裏に何があるのか、という点に大きな不安を感じているようでした。途中の休憩時間に顧問社労士として会社側出席者に、なぜユニオン側が「退職強要」を認めさせようとしているか、その真意について説明することができ、会社側出席者は安堵して引続き交渉に臨むことができました。

（堀内）

COLUMN

弁護士との協力

社労士が団体交渉の経験が豊富ならいいですが、そうでない場合は、労働審判や労働委員会のあっせん手続になることなどを想定し、初期対応から経験豊富な弁護士と連携を図るべきと考えます。実際、弁護士との打合せにより、会社側の団体交渉に取り組む姿勢が変わることもありました。参考までに、打合せ内容を箇条書きしておきます。

【打合せの内容】

①通常の流れ（団体交渉、あっせん、労働審判、訴訟の各場合について）

②今回の事案の争点と、会社の強み弱み

③不当労働行為に関する注意

④予想される展開と会社の選択肢

⑤労組の狙い

⑥会社側出席者の団体交渉時の交渉スタンス

⑦予測される労組からの牽制への対応

⑧解決に向けてのシナリオと和解書作成への対応

（堀内）

著者紹介

赤司 修一（あかし　しゅういち）　※第１章〜第５章執筆

2004年弁護士登録（東京弁護士会所属）
2017年日本弁護士連合会常務理事
赤司・洞・佐藤法律事務所パートナー弁護士
一部上場企業を含む多くの顧問先企業に対し、リーガル面からのアドバイスを中心に弁護士業務を行う。また、数多くの訴訟案件を処理しており、訴訟を通じて培った知識を生かし、企業の日々の業務に存在する法務リスクを分かりやすく担当者に説明している。

荒瀬 尊宏（あらせ　たかひろ）　※第１章〜第５章　コラム執筆

さくら共同法律事務所パートナー弁護士・社会保険労務士
2006年に弁護士登録。その後２年間、任期付公務員として、東京都労働委員会事務局において審査調整法務担当課長として勤務。
現在は、企業顧問、社外取締役等として人事労務関係に関する助言、制度構築、紛争解決等を中心的業務としている。
日本労働法学会会員
https://www.sakuralaw.gr.jp/sp/profile/arase.html

中村 恭章（なかむら　やすあき）　※第6章、コラム執筆

社会保険労務士・行政書士。中村事務所代表。㈱社会保険研究所を経て、1996年開業。病院・社会福祉施設・製造業などの労務管理、10～1000名超企業の社会保険事務手続、外国人労働者・留学生の入管手続などを得意とする。

http://www.nakamura-office.net

猪木 貴彦（なおき　たかひこ）　※第6章、コラム執筆

社会保険労務士。1965年生まれ。早稲田大学理工学部卒業。

社会保険労務士法人MRパートナーズ　代表社員。

㈱リクルート勤務を経て、1994年独立開業。

労務相談を主体に中小零細から一部上場企業まで幅広く顧問を受任している。

http://www.rousei.com/

堀内 和（ほりうち　かず）　※第6章、コラム執筆

社会保険労務士（特定付記）。社会保険労務士法人アピエンス　代表社員。

㈱長谷工コーポレーション、アイリス社会保険労務士法人を経て、2017年に社会保険労務士法人アピエンスを設立。

主に中小企業の社外人事部として、労務コンサルティング・ペイロール・就業規則等の制定・管理・運用、株式公開支援などを行っている。

http://www.upiens.com/

本多 伸行（ほんだ　のぶゆき）　※コラム執筆

東京城南地域のユニオンの書記長をやり労働争議を行った経験がある。

一方、ユニオンによる図書館運営受託NPOへの追及の対策に関わった経験もある。

元は自治労港区職員労働組合書記長。ＮＰＯ「官製ワーキングプア研究会」会員。

人事担当者、社労士に贈る

知っておきたい　合同労組・ユニオン対応の基礎と実践　改訂第２版

2013 年　7 月10 日　初版
2021 年　5 月25 日　改訂第 2 版 1 刷
2023 年　4 月18 日　改訂第 2 版 2 刷

著　　者　弁護士 赤司修一　社会保険労務士 中村恭章　社会保険労務士 堀内　和
弁護士 荒瀬尊宏　社会保険労務士 猶木貴彦　元合同労組書記長 本多伸行

発 行 所　株式会社労働新聞社
〒 173-0022　東京都板橋区仲町 29-9
TEL：03-5926-6888（出版）　03-3956-3151（代表）
FAX：03-5926-3180（出版）　03-3956-1611（代表）
https://www.rodo.co.jp　　pub@rodo.co.jp
表　　紙　尾﨑 篤史
印　　刷　モリモト印刷株式会社

ISBN 978-4-89761-858-6